Gibert | Pas perdus!

Bruno Gibert

Pas perdus!

Mit 23 Abbildungen

Herausgegeben von Mireille Kreutzer

Reclam

RECLAMS UNIVERSAL-BIBLIOTHEK Nr. 19976
2020 Philipp Reclam jun. Verlag GmbH,
Siemensstraße 32, 71254 Ditzingen

Titel der französischen Originalausgabe: *Pas perdus!*
Texte und Fotografien von Bruno Gibert

Gestaltung: Cornelia Feyll, Friedrich Forssman
Druck und Bindung: Kösel GmbH & Co. KG,
Am Buchweg 1, 87452 Altusried-Krugzell
Printed in Germany 2020
RECLAM, UNIVERSAL-BIBLIOTHEK und
RECLAMS UNIVERSAL-BIBLIOTHEK sind eingetragene Marken
der Philipp Reclam jun. GmbH & Co. KG, Stuttgart
ISBN 978-3-15-019976-3
www.reclam.de

Inhalt

Hier haben wir Begriffe zusammengestellt, die in den Texten häufiger vorkommen oder besonders wichtig sind. Wir empfehlen Ihnen, dieses Kapitel vorab zu lesen und sich die Vokabeln einzuprägen.

Je remercie le Centre national du livre pour son précieux soutien.

Merci également à mes amis qui ont nourri ce projet en enrichissant ma collection d'affichettes d'animaux perdus, parfois même, du bout du monde.

Je dédie ce livre aux enfants du collège de Staël, à Benjamin, Delphine, Julien, Sidonie, Gustavo, Stéphane et à tous les autres maîtres unis dans le chagrin d'avoir perdu leur petite bête adorée.

B. G.

2 **le soutien:** *l'aide* (f.). | 4 **nourrir qc:** hier (litt.): zu etwas beitragen. | **enrichir qc de qc:** eine Sache um etwas bereichern/erweitern (*enrichir: rendre riche*). | 5 **une affichette:** kleines Plakat (*une affiche:* Plakat; Aushang). | 7 **dédier qc à qn:** jdm. etwas widmen.

Lettre de Patoune

4 **la tâche:** korrekt: *la tache.* | **le poitrail**: Brust bei Tieren. | 5 **Belleville:** Pariser Viertel im 19. und 20. Arrondissement.

Chers maîtres,

Ce soir-là, il faisait doux. Vous étiez sortis voir des amis en laissant la fenêtre ouverte.

Tout en reniflant l'air, je regardais tous ces humains qui se promenaient dans la rue, main dans la main, heureux et légers comme des moineaux bons à croquer. Je n'avais qu'un étage à sauter pour me retrouver en leur compagnie, ce que j'ai fait.

Je me suis dit: «Plutôt que rester tout seul à la maison … Même si être tout seul à la maison me va parfaitement, je suis un chat, après tout!»

J'ai pris mon élan, et hop! Ni vu ni connu, j'étais dans la rue! À la terrasse des cafés de Belleville je me suis montré. Quelques caresses on m'a données. Je me suis frotté aux jambes d'une demoiselle dont les mollets piquaient. Pas un instant je ne me suis demandé où vous étiez, mes maîtres adorés, comment vous auriez été étonnés de me voir ainsi, en liberté, en train de boire du Coca à la paille! Moi, votre petit Patoune chéri, toujours en boule sur votre lit! Chat

2 **faire doux:** *ne pas faire froid.* | 6 **le moineau:** Spatz, Sperling. | **bon, ne à croquer:** zum Anbeißen lecker (*croquer:* zerbeißen, knabbern). | 7 **sauter qc:** über etwas springen; hier: etwas hinunterspringen. | 9 **plutôt que (de) …:** besser als … | 10 **aller à qn:** jdm. stehen; hier (fig.): jdm. passen / recht sein. | 11 **après tout** (adv.): *finalement.* | 12 **un élan:** Anlauf. | **ni vu(e) ni connu(e)** (fam.): still und leise, völlig unbemerkt. | 15 **le mollet:** Wade. | **piquer:** pieken; hier: stoppelig/unrasiert sein. | 18 **le Coca** (fam.): Cola. | **la paille:** Strohhalm. | 19 **en boule:** zusammengerollt, eingerollt (*la boule:* Kugel; *se mettre / se rouler en boule:* sich zusammenrollen).

sans collier, tout en noir angora, autant dire en tenue de soirée.

À la terrasse de ce café, j'ai soudain vu les voisins. Ceux qui, de temps en temps, viennent me donner à manger. Je me suis aussitôt caché car ils auraient pu s'exclamer:

– Regarde! Ne serait-ce pas Patoune là, en train de boire du Coca à la paille?

– Mais si!

Ensuite, ils m'auraient attrapé et ramené à la maison avec peut-être, en prime, une petite fessée!

Il est vrai que je suis connu dans le quartier. À force d'être trimballé dans mon panier, de boutique en bistrot. Il est même arrivé qu'on prenne le métro. Heureusement, dans la cohue joyeuse du samedi soir, il est possible de se faufiler, de s'en aller, sans avoir de comptes à rendre.

Sous une voiture, j'ai trouvé une paire de lunettes fumées (un peu cassées, mais bon). Je les ai enfilées. Ainsi masqué, je ne ressemblais presque plus à un chat! Même vous, mes maîtres, vous seriez passés à côté de moi sans vous retourner. En me croisant, vous vous seriez tout juste dit:

– Tiens, voilà encore une touriste égarée. Une jeune

1 **autant dire:** *c'est-à-dire.* | 1 f. **la tenue de soirée** (f.): Abendanzug; Abendkleidung. | 5 **s'exclamer:** ausrufen. | 10 **en prime:** *en plus* (*la prime:* Prämie, Zuschlag). | **la petite fessée** (fam.): Klaps auf den Hintern. | 12 **trimballer qc** (fam.): etwas mit sich herumtragen/mitschleppen. | **le panier:** Korb. | 14 **la cohue:** (Menschen-)Gewühl. | **se faufiler:** sich durchschlängeln. | 15 **avoir des comptes** (m. pl.) **à rendre** (loc.): Rechenschaft ablegen müssen. | 16 f. **fumé, e:** geräuchert; hier: getönt (Verb: *fumer*). | 17 **mais bon** (fam.): was soll's, sei's drum. | **enfiler qc:** *mettre qc.* | 19 **passer à côté de qn/qc:** an jdm./etwas vorbeigehen. | 20 **croiser qn:** *rencontrer qn par hasard* (m.). | 22 **s'égarer:** sich verlaufen.

Américaine assez chic qui, en pull angora, part à la découverte des petits quartiers de Paris.

C'est pas que je voulais vous éviter, ou vous bouder, même si ça m'arrive parfois quand je trouve que vous n'êtes pas très gentils avec moi. Non, ce soir-là, j'avais juste envie de gambader dans les rues par cette belle soirée d'été ... et puis j'ai entendu de la musique. Quelqu'un jouait de la guitare.

On dit que les chats sont insensibles à la musique: ce n'est pas vrai! Je peux vous dire que les chats aiment beaucoup la musique, mais seulement la bonne musique (de toute manière, les chats aiment seulement les bonnes choses, à commencer par la nourriture). Et il se trouve que toi, mon maître, quand tu branches ta guitare sur ton ampli, eh bien, pardon de te faire de la peine, mais ... sache que c'est la pire musique qu'un chat puisse supporter! Que de stridences, de hurlements et de faux accords! Et toujours ce même morceau joué en boucle par un fou furieux! Ce n'est

1f. **partir à la découverte (de qc):** etwas erkunden. | 2 **les petits quartiers** (m. pl.): ici: *les quartiers sympas.* | 3 **éviter qn:** jdn. meiden, jdm. aus dem Weg gehen. | **bouder qn:** mit jdm. nichts zu tun haben wollen (*bouder:* schmollen). | 5 **avoir envie** (f.) **de faire qc:** Lust haben, etwas zu tun. | 6 **gambader:** herumspringen; herumtollen. | **par ...:** (hier:) bei ... | 9 **être insensible à qc:** unempfänglich für etwas sein. | 13 **à commencer par ...:** angefangen bei ... | **il se trouve que ...:** nun ist es (aber) so, dass ... | 14 **brancher qc:** etwas anschließen/einstecken. | 14f. **un ampli** (fam.): *un amplificateur:* Verstärker. | 15 **faire de la peine à qn:** jdm. wehtun (*la peine: le chagrin, la douleur*). | **sache que ...:** du solltest/musst wissen, dass ... | 17 **la stridence** (litt.): Schrillheit. | **le °hurlement:** das Geschrei, Gebrüll (Verb: *°hurler*). | 18 **en boucle** (adv.): in Endlosschleife (*la boucle:* Schleife; Schlaufe; Locke). | **le fou furieux / la folle furieuse:** Tobsüchtige(r).

pas parce que j'aime sauter sur l'ampli et m'y poser que j'aime t'entendre massacrer je ne sais quoi! Si un chat pouvait se boucher les oreilles, je le ferais! Si je saute sur l'ampli et que j'aime y rester, c'est parce que ça m'amuse de voir tes mains gratter les cordes et bouger sans arrêt. C'est comme si tu voulais jouer avec moi. Souvent, j'ai eu envie de les attraper, tes mains, voire de les griffer! Mais quand tu as dit l'autre jour:

– Regarde, Jeanne, on dirait que Patoune aime bien m'écouter. La preuve, il ferme les yeux de plaisir …

«N'importe quoi!» me suis-je dit.

Et Jeanne pareil, puisqu'elle a juste haussé les épaules en demandant:

– Tu peux baisser un peu? C'est pour les voisins!

Ce guitariste de rue, vois-tu, petit maître quand même adoré, était tout à l'opposé de toi. Il était calme et tranquille, et sa musique, douce et savante. Il expliquait aux passants qui s'arrêtaient pour l'écouter que ce n'était pas une guitare qu'il avait entre les mains, mais un luth. Un luth, oui! Comme à l'époque des rois de France!

Je me suis frotté au gentil troubadour. Je l'ai aidé à comp-

2 **massacrer qc:** hier (fam.): etwas verschandeln, verhunzen. | 3 **se boucher les oreilles** (f. pl.): sich die Ohren zuhalten. | 5 **gratter qc:** an etwas (herum)kratzen; hier (fam.): etwas spielen, auf etwas klimpern (Saiteninstrument) (*la gratte,* fam.: *la guitare*). | **la corde:** hier: Saite. | 7 **voire** (adv.): ja sogar. | 11 **n'importe quoi!** (interj.): so ein Quatsch! | 12 **°hausser les épaules** (f. pl.): mit den Schultern zucken. | 14 **baisser (le son):** die Lautstärke herunterdrehen. | 16 **être à l'opposé** (m.) **de qn/qc:** das Gegenteil von jdm./etwas sein. | 17 **savant, e:** gelehrt; hier: kunstvoll. | 19 **le luth:** Laute. | 21 **se frotter à qn/qc** (fam.): die Nähe zu jdm. suchen (*frotter qc:* etwas reiben/schrubben). | **le troubadour:** Troubadour, Minnesänger.

ter les pièces que les gens lui jetaient (il y en avait beaucoup). Il m'a caressé un peu la tête et est allé m'acheter de la pâtée en boîte.

– Tiens, c'est pour toi, gentil chat des rues!

Ensuite, il m'a pris dans ses bras et nous avons traversé Paris. Voilà! Depuis trois jours, voyez-vous, je vis chez lui et ce n'est pas désagréable. Le soir, il me joue du luth comme si j'étais moi-même une sorte de roi. Mais, quand il part, je tourne en rond dans cette maison qui n'est pas la mienne et je m'ennuie de vous.

J'ai entendu dire que samedi prochain il retournera jouer à Belleville. À grands coups de ronron je lui demanderai de m'emmener avec lui. Et, entre deux morceaux de musique, je lui fausserai compagnie. Après tout, pour lui, je ne suis qu'un chat des rues épris de liberté. Ça m'étonnerait qu'il me coure après.

Devant votre porte, sur laquelle j'aime me frotter, je me mettrai à miauler et vous m'ouvrirez.

À bientôt, donc!

Votre Patoune

1 **la pièce:** Münze, Geldstück. | 6 **voyez-vous:** wisst ihr; wissen Sie (Einschub). | 9 **tourner en rond** (m.): sich im Kreis drehen; umherirren. | 10 **s'ennuyer de qn:** jdn. vermissen. | 12 **à coup** (m.) **de qc:** mit Hilfe von etwas, mittels. | 14 **fausser compagnie** (f.) **à qn:** jdn. im Stich lassen; jdm. entwischen (*fausser:* [ver]fälschen). | 15 **être épris, e de qn/qc:** *être fou, folle de qn/qc.* | 17 f. **se mettre à faire qc:** *commencer à faire qc.*

Lettre de Gino

2 f. **le sac de transport** (m.): Tragetasche (für Tiere). | 7 **recueillir un animal:** ein zugelaufenes Tier bei sich aufnehmen.

Benjamin,

Tu comprendras, en lisant cette lettre, que je ne suis pas pressé de te retrouver! Je suis en colère, Benjamin! Super en colère, même! Contre qui, tu te demandes? Contre toi, pardi! Sache que ton regard désolé et tes plates excuses n'y changeront rien. Et si tu avais la volonté de te faire pardonner en m'offrant les plus beaux pavés de saumon du monde, eh bien, ça ne changerait rien non plus!

Le mal est fait et bien fait!

Je le répète: je suis furieux contre toute ta personne! Je feule d'indignation! Je suis toutes griffes dehors lorsque je pense à toi et à ce que tu m'as fait!

Oh! Ne fais pas l'étonné! Tu sais parfaitement de quoi je parle! Tu te souviens très bien de ce samedi 23 juillet et du boulevard Bourdon! C'était l'été, il faisait beau et chaud. Trop beau et trop chaud, peut-être, pour ton petit crâne de piaf chauve!

Tu avais des paquets, des valises à chaque bras ainsi

2 f. **être pressé, e:** es eilig haben. | 3 **retrouver qn:** hier: zu jdm. zurückkehren. | 5 **pardi!** (nach einer Frage): natürlich! | **sache que ...:** du solltest/musst wissen, dass ... | **désolé, e:** untröstlich, tief betrübt. | **plat, e:** flach; hier: einfallslos. | 6 f. **qn se fait pardonner:** jd. möchte, dass man ihm verzeiht. | 7 **offrir qc à qn:** jdm. etwas schenken. | **le pavé:** Pflasterstein; hier: Steak. | 9 **le mal est fait** (loc.): zu spät; das Unglück ist geschehen. | 11 **une indignation:** Empörung, Entrüstung. | **être toutes griffes dehors:** etwa: aggressiv, angriffslustig sein. | 16 f. **le crâne de piaf** (fam.): *la tête d'idiot* (m.; *le piaf*, fam.: Spatz, Sperling; Künstler- und Kosename der Sängerin Edith Gassion, genannt Edith Piaf). | 17 **chauve:** *qui n'a plus de cheveux* (m. pl.)

qu'une plante verte. Tu essayais de faire rentrer tout ça dans le coffre de ta voiture. Tu soufflais et pestais ! Et puis ton téléphone a sonné. Tu as tout posé en vrac pour parler à je ne sais qui. Un copain? Une copine? Tu riais très fort, en tout cas. Après, tu as cru reprendre tout ce qui était resté sur le trottoir, puis tu as claqué les portes de la voiture. Tu t'es ensuite installé au volant et tu es parti.

À travers la grille de mon petit sac noir oublié sur le trottoir, je t'ai vu t'en aller, Benjamin. J'ai miaulé, mais c'était trop tard. Dans un bruit de pneus qui crissent tu avais déjà rejoint le boulevard. Je me suis dit:

«Même idiot comme il est, il va bien s'apercevoir qu'il a oublié un sac! Celui de Gino avec Gino dedans!»

Peut-être que, toi-même, tu t'es dit ça, pendant une seconde au moins, juste une seconde. Avant de mettre tes écouteurs et de chanter sur je ne sais quel air idiot. Avant de boire une gorgée d'eau et de penser à autre chose.

Et tu n'es pas revenu, non, pas revenu.

Si tu avais regardé dans ton rétroviseur, tu aurais pu voir une petite forme allongée, noire et miaulante, au beau milieu du trottoir: le sac de Gino avec Gino dedans! Mais tu ne l'as pas fait!

2 **le coffre** (d'un véhicule): Kofferraum. | **souffler:** keuchen, schnaufen. | **pester:** schimpfen, fluchen. | 3 **en vrac** (adv.): durcheinander, ohne System. | 6 **claquer qc:** etwas zuschlagen/knallen. | 7 **s'installer au volant:** sich hinter das Steuer setzen (*le volant:* Lenkrad). | 8 **à travers qc:** durch etwas hindurch. | **la grille:** Gitter. | 10 **crisser:** quietschen; knirschen. | 11 **rejoindre qc:** zu etwas zurückkehren; hier: etwas erreichen. | 12 **s'apercevoir que** (+ ind.): bemerken, dass … | 16 **les écouteurs** (m. pl.): Kopfhörer. | **un air:** *une mélodie.* | 17 **la gorgée:** Schluck. | 19 **le rétroviseur:** Rückspiegel. | 20 f. **au beau milieu de qc:** mitten in/auf etwas.

Comme je fulmine en y repensant!

Je ne sais combien de temps je suis resté là, à la fois dehors et enfermé dans ce tout petit sac à peine plus grand que moi. Peut-être une heure. Une heure avant que quelqu'un ne soulève ce mystérieux sac pour découvrir ce qu'il pouvait bien contenir. J'aurais aimé que tu voies les yeux surpris de cet homme qui a collé son visage contre le petit grillage et qui m'a aperçu. J'aurais surtout aimé que tu l'entendes s'exclamer:

– Ah les cochons! Encore un qui abandonne son chat pour les vacances!

Tu as bien entendu: tu es un cochon! Et, à cause de toi, on m'a pris pour un chat abandonné!

Non, Benjamin, je ne serai pas heureux de rentrer «rapidement à la maison» (ce sont tes mots), même si ma petite sœur me manque. Pour le moment, je me plais bien chez l'homme qui m'a sorti du sac et avec les six autres chats qui occupent son minuscule appartement.

Au fait, il m'a trouvé un autre nom. Je m'appelle dorénavant Bourdon. Bourdon comme l'insecte. Bourdon comme le funeste boulevard sur lequel j'ai été oublié. Bourdon, c'est malgré tout un joli nom pour un chat grognon!

1 **fulminer:** außer sich vor Wut sein. | 2 **à la fois** (adv.): *en même temps.* | 3 **à peine** (adv.): kaum. | 7 **coller qc contre qc:** etwas gegen etwas drücken. | 8 **le grillage:** Zaun; Gitter. | 9 **s'exclamer:** ausrufen. | 10 **abandonner qn/qc:** jdn./etwas verlassen/aussetzen. | 13 **prendre qn/qc pour qn/qc:** jdn./etwas für jdn./etwas halten. | 16 **se plaire chez qn:** *aimer être chez qn.* | 19 **au fait** (adv.): *à propos, d'ailleurs.* | 20 **le bourdon:** Hummel. | 21 **funeste:** verhängnisvoll, unselig. | 23 **grognon, ne:** mürrisch; quengelig.

Allez, va! J'espère que cette histoire t'aura un peu gâché tes vacances. On se reverra peut-être à la rentrée. Note bien ce «peut-être»!

Signé: Bourdon (anciennement Gino)

1 **Allez, va!** (interj.): Tja! | **gâcher qc à qn:** jdm. etwas verderben. | 4 **anciennement** (adv.): früher, ehemals.

Lettre de Bao

1 **un avis de recherche** (f.): Such-/Vermisstenanzeige; Fahndung (*un avis:* Mitteilung; Bescheid). | 2 **Je repond:** korrekt: *Je réponds.* | 5 **13 Mars:** korrekt: *13 mars.* | 6 **avoir l'habitude de faire qc:** es gewohnt sein, etwas zu tun (*une habitude:* Gewohnheit). | 7 **S'il vous plait:** korrekt: *S'il vous plaît.* | 8 **ce numero:** korrekt: *ce numéro.*

Salut, maître,

Comme tu l'as écrit sur l'affiche, il est vrai que je n'ai pas l'habitude de partir aussi longtemps. Il est également vrai que je cherche beaucoup les caresses et c'est d'ailleurs pour cela que je ne suis plus à la maison. On n'est pas sérieux quand on n'a qu'un an.

Il se trouve que, ce matin du 13 mars, tu n'étais pas là et j'avais vraiment envie d'une bonne caresse, tu sais, le genre de caresse qui te renverse sur le dos et qui fait qu'on gigote des pattes de façon idiote! Tu venais de partir au travail. Je me suis dit: «C'est ballot, Bao! Te voilà seul dans le jardin et tu as envie d'un bon grat grat!»

Je me suis alors dirigé vers le sapin dont une des branches, plus basse que les autres, pouvait me chatouiller le haut du crâne. Mais quand une épine m'a piqué, j'ai crié: «Kaï!», ce qui, en langage chien, signifie «aïe»!

J'ai ensuite sauté la clôture pour aller retrouver des enfants qui jouaient dans un square. Je me suis posté près

2 **une affiche:** Aushang; Plakat (Verb: *afficher qc*). | 7 **il se trouve que ...:** nun ist es (aber) so, dass ... | 9 **renverser qn sur le dos:** jdn. auf den Rücken fallen lassen / werfen (beim Toben). | **gigoter** (fam.): herumzappeln, hampeln; strampeln. | 11 **c'est ballot!** (interj.): *c'est bête!* (*le ballot*, vx.; fam.: Dummkopf, Esel). | 12 **le grat grat** (fam.): Kraulen (*gratter qc:* an etwas [herum]kratzen). | 13 **le sapin:** Tanne. | 14 **chatouiller qn:** jdn. kitzeln (Subst.: *les chatouilles*, f. pl.). | 15 **le °haut de qc:** oberer Teil von etwas. | **une épine:** Stachel, Dorn. | 16 **le langage:** *la langue.* | 17 **sauter qc:** über etwas springen; etwas überspringen. | **la clôture:** Zaun (*clôturer qc:* etwas umzäunen/einfrieden). | 18 **le square:** kleine Grünanlage inmitten eines Platzes.

d'eux avec mon regard doux de toutou. Mais, au lieu de me caresser, ils m'ont attrapé par la queue et me sont montés dessus en hurlant:

– Hue, cheval!

Plus loin, trois ouvriers construisaient une maison. Quand j'ai levé ma patte comme pour dire: «Hello, je suis un chien sympa et je voudrais juste une petite caresse», l'un d'eux m'a posé un gros sac de sable sur le dos en me disant:

– Ma brouette est cassée. Tu vas m'aider, grand cabot!

La boulangère n'a pas voulu que je rentre dans sa boulangerie parce que j'étais tout sale. Le cafetier, dans son café parce que j'étais tout seul. Le chauffeur de bus, dans son bus parce que son bus est interdit aux animaux non tenus en laisse. Un policier énervé a même essayé de m'attraper. Mais, plutôt bon à la course, je l'ai vite semé.

Et puis une main s'est posée sur moi. C'était le facteur gentil. Il m'a dit:

– Je te reconnais, toi. Bao. Saute sur mon vélo, j'ai presque fini ma tournée. Tu aimes le chocolat?

J'ai aboyé trois fois, ce qui, en langage chien, veut dire «Oh oui!»

Le facteur habitait une petite maison en lisière de forêt. Il y avait là une cheminée et, devant, un grand tapis sur lequel se rouler. C'était parfait. Mais quand sa femme a vu rentrer son mari avec moi à ses côtés, elle lui a crié, en me désignant:

3 °**hurler:** schreien, brüllen. | 4 **hue!** (interj.): Hü! | 9 **la brouette:** Schubkarre. | 11 **le cafetier / la cafetière** (vx.): Betreiber(in) eines Cafés. | 15 **être bon, bonne à la course:** etwa: ein(e) schnelle(r) Läufer(in) sein. | **semer qn** (fam.): jdn. abhängen. | 19 **la tournée:** Runde; Tour. | 22 **la lisière:** *le bord.* | 25 f. **désigner qn:** *montrer qn (du doigt).*

– Lui, avec ses pieds crottés, il reste dehors!

Un peu gêné, le facteur m'a regardé et m'a murmuré:

– Désolé, mon vieux. Je t'apporterai ton chocolat dans une gamelle que je poserai là, à côté du tas de bois.

Tous les toutous savent ça: un chocolat froid ne vaut pas une caresse au coin du feu! Je me suis alors enfoncé dans les bois.

J'ai appelé un écureuil, mais il a détalé. Pareil pour le chevreuil. Et puis, sous mes pieds, la terre a bougé. Une taupe a montré le bout de son nez.

– Quelqu'un m'a appelée? a-t-elle soufflé.

– Va pour la taupe, me suis-je dit. Si elle peut creuser avec ses pattes, elle peut me faire un grat grat!

Sous terre je l'ai suivie.

Tout au fond de son terrier, il y avait une cheminée et, devant, un grand tapis sur lequel se rouler. C'était parfait. Mais, quand la grand-mère taupe a vu rentrer sa petite taupe avec un chien à ses côtés, elle a crié:

– Lui, avec ses pieds crottés, ouste! Hors du terrier!

Un peu dégoûté, j'ai erré encore un moment dans la forêt. Sans succès. Moi, chien d'une année d'âge, découvre

1 **crotté, e:** *sale.* | 2 **gêné, e:** in Verlegenheit. | **murmurer:** *parler à voix basse.* | 3 **mon vieux / ma vieille** (fam.): mein Lieber / meine Liebe. | 4 **la gamelle:** Futternapf, Fressnapf. | 5 **ne pas valoir qc:** mit etwas nicht mithalten können. | 6 **s'enfoncer dans qc:** sich in etwas verkriechen. | 8 **un écureuil:** Eichhörnchen. | **détaler** (fam.): sich aus dem Staub machen. | 8 f. **le chevreuil:** Rehbock (*la chevrette:* Ricke). | 9 **la taupe:** Maulwurf. | 11 **souffler:** keuchen, schnaufen. | 12 **Va pour …** (interj.): Dann eben … | **creuser:** graben. | 13 **la patte:** hier: Grabschaufel (Pfote des Maulwurfs). | 19 **ouste!** (interj.): raus hier! | **hors de …!** (interj.): raus aus …! | 20 **être dégoûté, e** (fam.): frustriert, genervt sein. | **errer:** umherirren; streunen (*errant, e:* streunend).

que, hors du foyer, il n'y a vraiment personne pour s'occuper d'une bête égarée!

Tu pourras constater, cher maître, en me voyant arriver tout sale et dépité, que j'aurai tout essayé pour me faire caresser …

Ton fidèle Bao

1 **le foyer:** *la maison.* | 1 f. **s'occuper de qn/qc:** sich um jdn. kümmern. | 2 **égaré, e:** verstört; hier: verirrt. | 4 **dépité, e:** sehr enttäuscht. | 6 **fidèle:** treu; ergeben.

Lettre de Macao

1 **fin, e:** hier: zierlich. | 2 **la queue en tire-bouchon** (m.): Ringelschwanz. | 4 **recueillir un animal:** ein zugelaufenes Tier bei sich aufnehmen. | 5 **la récompense:** Belohnung; Finderlohn.

Hello!

Ce petit mot juste pour te dire que celui qui m'a vu dans la rue m'a aussitôt recueilli et gardé avec lui!

Il se trouve que ce monsieur Xi (qui est chinois) cherchait depuis longtemps un chat avec une queue «en tire-bouchon». Car en Chine, paraît-il, les chats avec une queue «en tire-bouchon» sont rares et merveilleux. Ces chats sont même vénérés là-bas, un peu comme des divinités.

Le savais-tu?

Savais-tu que, dans ce grand pays, les chats pareils à moi portaient chance? Qu'ils étaient signe de richesse et de prospérité? Qu'ils possédaient un souffle qui éloigne les maladies liées au ventre et à la tête? Que boire une seule de leurs larmes rendait fort comme un tigre? Que leur salive guérissait des brûlures? Que, rien qu'en ronronnant, ils enflammaient le cœur de ceux qui ne sont pas amoureux? Qu'une caresse ou deux à un chat dans mon genre faisait revenir la confiance, l'argent et la sérénité? Pareil pour le travail. Qu'un poil de ma queue jeté en l'air aidait à retrouver

3 **garder qc:** etwas behalten. | 4 **il se trouve que ...:** nun ist es (aber) so, dass ... | 6 **paraît-il:** angeblich, offenbar (Einschub). | 7 **merveilleux, -euse:** wunderbar, wunderschön; hier: etwas Besonderes. | 8 **vénérer qn/qc:** jdn./etwas verehren. | **la divinité:** Gottheit. | 11 **porter chance** (f.): Glück bringen. | 12 **la prospérité:** *la richesse.* | **le souffle:** Atem; Atmung. | **éloigner qn/qc:** jdn./etwas fernhalten. | 13 **être lié, e à qc:** in Verbindung mit etwas stehen, mit etwas zusammenhängen. | 14 **la larme:** Träne. | **la salive:** Speichel. | 15 **la brûlure:** Verbrennung, Brandwunde. | 16 **enflammer le cœur de qn** (fig.): jds. Herz entflammen. | 18 **la sérénité:** Gelassenheit. | 19 **jeter qc en l'air** (m.): etwas in die Luft werfen, hochwerfen.

les objets perdus, comme des clés, des papiers importants ou des bijoux? Aussi, les chats à la queue «en tire-bouchon» éloignent les fantômes, les mauvais esprits, les jaloux, les grincheux. Enfin, ils absorbent, bien mieux que l'encens, les vilaines odeurs.

Savais-tu tout cela? En tout cas, moi, je l'ignorais.

C'est monsieur Xi qui me l'a appris alors que nous étions dans l'avion qui volait vers la Chine. Tandis que je lapais, pour la première fois, du champagne, je voyais mon nouveau maître se frotter les mains et savourer la joie immense de m'avoir rencontré!

Tu peux garder la récompense que tu as promise! Elle ne servira à rien! Pour toutes les raisons que je viens de t'énumérer, pas un seul Chinois n'échangerait un chat à la queue «en tire-bouchon» contre de l'argent (même beaucoup d'argent). Au fait, combien comptais-tu offrir pour ma capture?

Ne sois pas triste, je t'écrirai sur de belles cartes postales rouge et or.

Et si tu pars en voyage, passe donc me voir dans ma maison à Pékin. Je te montrerai mon coussin de soie brodé qui a été spécialement confectionné pour moi.

Quel chic!

Signé: ton, désormais inestimable, Macao

4 **le grincheux / la grincheuse:** Griesgram. | 5 **un encens:** Weihrauch. | **vilain, e:** *méchant, e;* ici: *désagréable.* | 8 **laper qc:** etwas schlabbern, schlecken. | 10 **savourer qc:** etwas genießen. | 13 **servir à qc:** zu etwas gut sein. | 13 f. **énumérer qc:** etwas aufzählen. | 16 **au fait** (adv.): *à propos, d'ailleurs.* | **compter faire qc:** *vouloir faire qc.* | **la capture:** Festnahme; hier: Einfangen. | 20 **broder qc:** etwas (be)sticken, aufsticken. | 21 **confectionner qc:** *fabriquer qc.* | 23 **désormais** (adv.): *à partir de maintenant.* | **inestimable:** unschätzbar, von unschätzbarem Wert.

Lettre de Wes

4 **s'enfuir:** fliehen, flüchten.

Chère Delphine,

Oui, je me suis enfui.

Je me suis enfui car ton nouveau petit copain, Bill, n'aime pas les chats. Il te dit que c'est juste une question d'allergie, mais je sais que ce n'est pas la seule raison. Le cœur du problème est qu'il pense, comme tous ceux qui n'aiment pas les chats, que nous sommes fourbes, imprévisibles et égoïstes.

Mais s'il n'y avait que ça.

Je me suis enfui car Bill n'accepte pas que je dorme avec vous dans le lit. Et je t'en veux de faire tout ce que Bill te demande de faire. On était bien tous les deux au lit! On était bien tous les deux, avant Bill. Quand tu m'as chassé du lit parce que Bill était là, ça m'a blessé. Ton lit, Delphine, c'était aussi ma place. Maintenant, c'est celle de Bill-le-voleur-de-place!

Mais s'il n'y avait que ça.

Je me suis enfui, car tu as jeté le tapis du salon. Je l'aimais bien, ce tapis. Il était vieux, oui, et perdait sa laine, mais c'était MON tapis! Tu veux que je te dise: le plancher, c'est nul pour un chat! C'est Bill qui t'a dit de le jeter, mon tapis?

Je me suis enfui parce que tu as remplacé ma litière habituelle par une litière «écologique» à base d'épis de maïs re-

3 **le petit copain / la petite copine:** (fester) Freund, (feste) Freundin. | 7 **fourbe:** hinterlistig; falsch. | 7f. **imprévisible:** unabsehbar; unberechenbar. | 11 **en vouloir à qn:** auf jdn. sauer sein. | 12 **être bien avec qn:** sich an jds. Seite wohlfühlen; mit jdm. gut auskommen. | 20 f. **c'est nul!** (interj.): das ist Schrott! | 23 **un épi:** Ähre; Kolben.

cyclés. Je préférais ma litière d'avant, la sableuse et bien blanche, car je préférais le contact du sable dur sous mes pattes et j'aimais bien le bruit, également dur, que cela faisait. Le maïs, c'est marron, c'est mou et ça colle aux pattes, si bien que j'en transporte partout dans la maison! Crois-moi, ce n'est pas amusant de gratter du maïs mou! Rends-moi mon sable blanc!

Je me suis enfui parce que j'en ai marre des croquettes «pour chats opérés et sédentaires». Je suis opéré, oui, mais ne suis pas sédentaire. J'aime bouger, tu sais! La preuve: je me suis enfui!

Je me suis enfui parce que Bill est un garçon pas propre qui laisse traîner ses slips sales par terre et mange des chips aux toilettes. Comment, toi, Delphine, tu peux supporter ça?

Je me suis enfui parce que Bill fait PCHHHHH! chaque fois que je monte sur la table du salon sur laquelle il a étalé ses papiers. «Achète-toi un bureau!» ai-je envie de lui lancer.

Je me suis enfui parce que, avant, une fois par mois, j'avais droit à une boîte entière de sardines à l'huile (il paraît que c'est bon pour mon pelage). Pourquoi c'est fini, ça? Parce que Bill n'aime pas les sardines? Parce qu'il trouve que les sardines, et particulièrement les sardines à l'huile, sont, comme les chats, fourbes, imprévisibles et égoïstes?

6 **gratter qc:** an etwas (herum)kratzen; hier: in etwas scharren. | 8 **en avoir marre de qn/qc** (fam.): von jdm. genug haben / etwas satthaben. | 9 **sédentaire:** Wohnungs…, Stuben… (*sédentaire:* sesshaft). | 13 **laisser traîner qc**: *ne pas ranger qc.* | 14 **supporter qc:** etwas ertragen. | 17 **étaler qc:** etwas ausbreiten. | **les papiers** (m. pl.): Dokumente, Unterlagen. | 18 **lancer qc à qn:** ici: *dire qc à qn énergiquement.* | 20 **avoir droit** (m.) **à qc:** *recevoir qc.*

Je me suis enfui parce que je trouve Bill très moche! Bien plus moche que Jeff avec qui tu étais avant. Moche et si mal habillé!

Je me suis enfui pour ne plus voir combien Bill est gênant lorsqu'il se croit drôle et pour ne plus assister au spectacle, navrant, de ma maîtresse se forçant à rire.

Je me suis enfui parce que je ne peux plus jouer avec les mouches qui rebondissent contre les fenêtres. D'un coup de torchon, Bill les tue avant que j'aie eu le temps de les attraper.

Je me suis enfui parce que tu m'as acheté cet affreux collier en plastique gris, alors qu'avant j'en avais un beau en cuir rouge.

Je me suis enfui parce que, chaque fois que tu t'en vas en week-end avec Bill, tu ne me laisses pas suffisamment de croquettes pour les deux jours. Alors je passe mon dimanche après-midi le ventre tordu par la faim.

Je me suis enfui parce que j'en ai assez d'entendre Bill se disputer avec sa sœur au téléphone. Mais d'où lui vient toute cette colère?

Je me suis enfui parce que tu ne me laisses plus finir les assiettes depuis que Bill a dit: «C'est dégoûtant!»

1 **moche** (fam.): *pas joli, e.* | 4 **combien** (adv.): hier (litt.): wie sehr. | 4f. **être gênant, e:** lästig sein; peinlich sein. | 5 **assister à qc:** ici: *regarder qc.* | 6 **navrant, e:** bedauerlich. | 8 **rebondir contre qc:** von etwas abprallen, gegen etwas prallen. | 8f. **d'un coup de qc:** ici: *avec qc.* | 9 **le torchon:** Geschirr(hand)tuch, Lappen. | 11 **affreux, -euse:** *horrible.* | 14 **s'en aller:** *partir.* | 15 **suffisamment** (adv.): *assez.* | 16 **passer qc:** etwas verbringen. | 17 **le ventre tordu par la faim:** etwa: halb verhungert (*tordre qc:* etwas verdrehen/verbiegen). | 18 **en avoir assez de qn/qc:** jdn./etwas satthaben. | 22 **dégoûtant, e:** ekelhaft, widerlich.

Je me suis enfui parce qu'un jour Bill t'a dit: «Quel boulet, ce chat!» et que tu n'as pas pris ma défense. Pour moi, le vrai boulet, c'est Bill!

Je me suis enfui car je ne peux me résoudre au fait que tu aimes Bill!

Je me suis enfui car le nouveau voisin a un gros chien qui aboie toute la journée.

J'ai décidé de m'enfuir le jour où Bill, qui adore le gros chien du voisin, a eu la bonne idée de le ramener un après-midi à la maison, si bien que j'ai été obligé de me cacher sous la baignoire.

Je me suis enfui parce que je n'aime pas du tout ta nouvelle couleur de cheveux. Quand comptes-tu me teindre en bleu?

Je me suis enfui parce que tu t'es mise (avec Bill) à faire du sport comme une folle. Avant, on restait des heures à regarder la télé.

Je me suis enfui car, une fois, Bill m'a fait renifler du dentifrice. Ça a été la pire sensation olfactive de ma vie!

Si je me suis enfui, c'est parce que, l'autre jour, Bill a ouvert la fenêtre et a murmuré: «Saute! C'est pas haut!» (Deux étages, quand même.)

1 f. **être un boulet** (fam.): ein Klotz am Bein sein (*le boulet:* schwere Kugel). | 2 **prendre la défense de qn:** *défendre qn.* | 4 **se résoudre au fait** (m.) **que …:** sich damit abfinden, dass … | 9 f. **ramener qn/qc à la maison:** jdn./etwas mit nach Hause bringen. | 10 **si bien que …:** was dazu geführt hat, dass … | 13 **compter faire qc:** *vouloir faire qc.* | 15 **se mettre à faire qc:** *commencer à faire qc.* | 16 **rester des heures** (f. pl.) **à faire qc:** *passer son temps à faire qc.* | 18 **faire faire qc à qn:** *forcer qn à faire qc.* | 19 **la sensation:** Gefühl; Erlebnis. | **olfactif, -ive:** Riech…, Geruchs… | 21 **murmurer:** *parler à voix basse.*

Je me suis vraiment enfui il y a quatre jours lorsque Bill, après avoir ouvert la porte, m'a un peu poussé dehors avec le pied. Je ne me suis pas fait prier et j'ai dévalé les escaliers sans me retourner.

Adieu, ma pauvre Delphine! Transmets mes salutations à ton amoureux pourri.

En fait non.

Wes

3 **ne pas se faire prier:** sich nicht lange bitten lassen, nicht lange zögern. | **dévaler qc:** etwas herunterstürzen. | 5 **transmettre qc:** etwas überbringen; etwas weiterleiten. | 6 **pourri, e:** faul, verdorben; hier (fam.): mies, Drecks… | 7 **En fait non:** hier: Lieber doch nicht.

Lettre d'Eliot

Hinweis: Dieser Text sollte zum besseren Verständnis unbedingt laut gelesen werden. Er ist nach Gehör geschrieben und beinhaltet daher viele Rechtschreibfehler. Im Anhang auf Seite 150 befindet sich ein korrigierter »Lösungstext«. | 3 **apercevoir qn/qc:** *voir/reconnaître/remarquer qn/qc.* | 5 **la récompense:** Belohnung; Finderlohn. | 7 **une affiche:** Aushang; Plakat.

Chaire famille,

Il fallai que je vou dise ce secret. Le voici: j'en avai marr d'être un kabo inculte et je voulai allé à Lécole.

Alor kan vous êtes parti et que jé été seul à la maison je me sui déguisé en humain! Cété facile. Je me suis rendu dans la chambre du fiston et jé ouver la porte du placard avec mon muso. Là jé trouvé des habis qui été à ma taille. Une fois prêt, jé été me regarder dans le grand miroir de la salle de bain et jé imité les gestes que vous faites tou le temp vous, mes maîtres et surtou le fiston, kand vous marchez sur vos deux pattes de derrière.

Tou été en place! Javé une casquette qui cachait mes oreilles, une chemisette, un mini jean que jé remonté jusken haut (même pas besoin de faire se retrousser le bas) et des baskettes.

Kan je faisé le beau devant le miroir, on pouvait se tromper: je ressemblai vraiment à un jeune humain! Vous, mes maitres, aurié pu dire «tiens voilà not' fiston». Ça aurait été tro drole.

C'est donc en toutou habillé façon fiston que je sui des-

2 **en avoir marre de qn/qc** (fam.): von jdm. genug haben / etwas satthaben. | 3 **inculte:** ungebildet. | 5 **se rendre quelque part:** *aller quelque part.* | 6 **le fiston** (fam.): Sohnemann. | 7 **être à la taille de qn:** jdm. passen. | 8 **une fois ...:** *dès que ...* | **j'ai été me regarder ...** (fam.): *je suis allé, e me regarder ...* | 12 **tout était en place:** *tout était prêt.* | 13 **remonter qc:** hier: etwas hochziehen. | 14 **même pas:** nicht einmal. | 16 **faire se retrousser qc** (fam.): *retrousser qc:* etwas hochkrempeln/umschlagen. | 16 **faire le beau:** Männchen machen. | 18 **tiens!** (interj.): schau mal! | 21 **habillé, e façon** (f.) ...: *habillé, e comme*

cendu dans la rue. Et ça marchai! Personne ne faisé attention à moi. Quelqu'un m'a maime demandé l'heure (je me suis di que j'aurai du mettre une montre à ma patte). Un enfan, de la même taille que moi, me prenant pour un copin, m'a salué en me proposant d'aller avec lui à Lécole. J'ai bien-sûr répondu:

– O Oui, Lécole, c superbien! et il m'a regardé bizarrrremen.

Dans la cour on nous a fé mettre en rang et il fallai pas kon bouge. Kan j'ai bougé on m'a dit «hé toi le nouveau fé attention sinon tu sera collé!»

J'ai compris alor pourquoi on disai Lécolle. Cé parce les profésseurs mettent de la colle sous les pieds des enfan pour pa ki bouge.

En classe, jé relevé mes oreilles tombantes pour bien entendre et jé tout reniflé pour bien comprendre. Jé apris des frases en anglé comme

Aië love plai tennis wiz maï friende Nicolas

et

Aïe ite aigz wiz ketcheupe and beutteur

En histoire, jé appri kun le roi de Fransse avé u la tête coupée en 2 par le peuple mécontent parce qu'il navai

1 **marcher:** ici: *fonctionner.* | 4 **prendre qn/qc pour qn/qc:** *confondre qn/qc avec qn/qc.* | 9 **faire mettre qn en rang** (m.): jdn. auffordern, sich in Zweiergruppen aufzustellen. | **il fallait pas** (fam.): *il ne fallait pas.* | 11 **coller qn** (arg.): jdn. nachsitzen lassen (*la colle,* fam.: Nachsitzen). | 13 **le professeur (des écoles):** Grundschullehrer(in). | 14 **pour pas que …** (fam.): *pour ne pas que …* | 15 **relever qc:** etwas wieder aufrichten; hier: etwas hochklappen. | **tombant, e:** hier: hängend. | 22 **couper qc en deux:** etwas halbieren/durchschneiden. | **mécontent, e:** *pas content, e.*

plu de pain a mangé. Il ont mi le roi de Fransse dans une grande machine en bois qui coupe les têtes aussi bien que les carottes.

En sience, jé appri que les rivières naissaient bébé dans les montages. Puis elles devenaient grosses dans les vallées et qu'elles mourraient en arrivan à la mer. La mer est donc pleine de rivières mortes. C dégoutan.

Jé appris des astusses pour le calcul:

4 + 4 font huître.

3 × 3 pondent un œuf.

10 et 10 boivent du vin.

606 grillent des saucisses.

Apré les cours, ils ont été nombreux autour de moi (ils ont vu que je courais plus vite que tou le monde quand je me mettais à 4 pattes).

– Comment tu t'appelle, toi! le nouveau! il m'ont demandé.

– J'ai répondu Wouf (pour ne pa donné mon vré prénom)!

Si bien qu'à la récré tout le monde me lançait des:

– Hé! Wouf, tu vien joué avec nous?

Ou bien:

4 **les sciences (de la Vie et de la Terre, SVT):** Lebens- und Geowissenschaften (Schulfach). | **naître bébé** (fam.): *naître petit(e).* | 7 **dégoûtant, e:** ekelhaft, widerlich. | 8 **une astuce:** Trick, Kniff. | 9 **4 + 4 font huître:** eigentl.: *quatre et quatre font huit* (Wortspiel) (*une huître*: Auster). | 10 **3 × 3 pondent un œuf:** eigentl.: *trois fois trois font neuf* (Wortspiel) (*pondre*: legen). | 11 **10 et 10 boivent du vin:** eigentl.: *dix et dix font vingt* (Wortspiel). | 12 **606 grillent des saucisses:** eigentl.: *six fois six égale trente-six* (Wortspiel). | 20 **si bien que …:** was dazu geführt hat, dass … | **la récré** (fam.): *la récréation.* | **lancer qc à qn:** ici: *dire qc à qn énergiquement.*

– Hé, Wouf, je pourrai me mettre avec toi à la cantine?

Ou encore:

– Hé, Wouf, té petit pour un CM2! Ta sauté des classes? Té un surdoué?

Et puis, une cloche a sonné. C'étai la fin de la journée. Tous les enfan se sont rués dans les escaliers. J'ai choisi cet instant de bazar pour allé me cacher dans un placard à balais.

Lécole, je ne voulais pas la quitter.

Je sui résté dans la placard à balais jusqu'au lendemain. À la cantine, javé pri du pain et aussi un morsseau de steack mâché. Le lendemain, jétai prêt pour une autre journée Décole.

Chaire famille, kan votre Eliot reviendra de Lécole pour vous retrouvé, jaurai un carnet à vous montrer. Avec des bonnes notes jespaire. Vous naurez plu ka le signer. Il faudrai un jour que, comme le fiston, j'ai un cartable ado. Et ossi une trousse avec une voiture de course dessus. C mieux kun collier et une laissse.

Ah oui. Maintenant que je suis plus instrui, je peux vous dire que vous avé fé une faute sur l'affiche: vous avé oublié

1 **se mettre avec qn** (fam.): ici: *s'asseoir à côté de qn.* | 3 **t'es** (fam.): *tu es.* | **t'as** (fam.): *tu as.* | **un/une CM2** (fam.): *un/une élève de CM2 (le CM2: le cours moyen 2: dernière classe de l'école élémentaire [âge des élèves: 9 à 11 ans]).* | **sauter une classe:** eine Klasse überspringen. | 4 **le surdoué / la surdouée:** Hochbegabte(r). | 5 **la cloche:** (Schul-)Glocke. | 6 **se ruer quelque part:** irgendwohin stürmen/stürzen. | 7 **le bazar:** hier (fam.): Chaos, Durcheinander. | 14 **le carnet (de notes):** Zeugnis(-heft). | 16 **ado** (fam.): *d'adolescent, e:* Jugend-, für Jugendliche. | 17 **la trousse:** (Feder-)Mäppchen. | 19 **être instruit, e:** gebildet sein (*l'instruction,* f.: Bildung).

de mettre un accent sur RECHERCHE. C'est RECHERCHÉ que vous aurié du écrire (sinon on comprend pas bien) – En plus c un peu la honte!

Signé: Eliot

Lösungstext dazu auf Seite 150

2 **on comprend pas** (fam.): *on ne comprend pas.* | 3 **C'est la honte!** (interj., fam.): Das ist super peinlich! (*la honte:* Schande, Scham).

Lettre de Zen

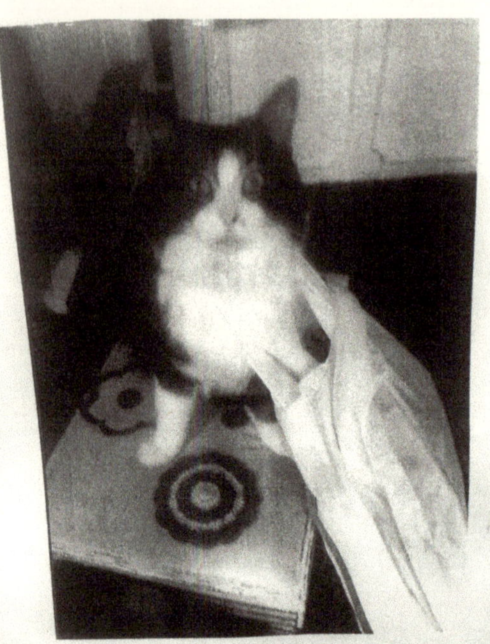

2 **au niveau** (m.) **de …:** *à °hauteur* (f.) *de …*

Chère Mamie,

Je sais bien que tu as presque 70 ans et toutes ces affiches que tu as collées un peu partout partent d'un bon sentiment (celui qui te pousse à me retrouver), mais qu'est-ce que c'est que cette photo nulle?! Elle est floue! Mal cadrée et en noir et blanc comme les images du Moyen Âge!

Tu aurais pu utiliser une photo normale réalisée avec des moyens modernes comme un téléphone dernière génération! Mais c'est vrai que la technique et toi, ça fait 10!

Il aurait été encore plus simple que tu en pioches une dans l'album photo. Pourquoi n'as-tu pas photocopié une de celles où je suis dans le jardin, par exemple? Ou bien celle sur laquelle je suis blotti contre une pelote de laine ou encore celle (excellente) où je suis juché sur les épaules de Gégé?

Mais passons! Le problème majeur, avec cette photo, c'est que j'ai l'air complètement débile! Je ressemble à un gros abruti avec ce sac autour du cou! On n'a jamais vu ça,

2 **une affiche:** Aushang; Plakat. | 3 f. **partir d'un bon sentiment** (m.): gut gemeint sein. | 4 **pousser qn à faire qc:** jdn. antreiben, etwas zu tun. | 5 **flou, e:** unscharf, verschwommen. | **mal cadré, e:** schlecht ausgeschnitten (*le cadrage:* Bildeinstellung, Ausschnitt). | 7 **réaliser qc:** *faire qc.* | 9 **ça fait 10:** eigentl.: *ça fait deux* (loc.): das passt einfach nicht zusammen. | 10 f. **piocher qc quelque part:** etwas irgendwo herausfischen (*piocher:* hacken). | 13 **se blottir contre qn/qc:** sich an jdn./etwas kuscheln. | **la pelote (de laine):** Wollknäuel (*la laine:* Wolle). | 14 **être juché, e sur qc:** hoch oben auf etwas sitzen. | 15 **passons!** (interj.): doch lassen wir das! | **majeur, e:** *principal, e.* | 16 **avoir l'air ...:** ... aussehen (*un air:* Aussehen; Miene). | 17 **un abruti / une abrutie** (fam.): Idiot(in), Trottel.

un chat avec un sac autour du cou! C'est toi qui as eu l'idée de faire passer ma tête à travers cet horrible sac mou rien que pour rendre la photo plus rigolote. Tu veux mon avis? C'était une très mauvaise idée! Le résultat est … catastrophique! Quel habitant du quartier aurait envie de retrouver un chat parfaitement abruti? À part un fou ou un sadique, je ne vois pas!

Et puis ce napperon fleuri! C'est plus possible, un tel napperon, de nos jours! Je sais que c'est toi qui l'as fabriqué, mais c'était en quelle année déjà? Pendant la guerre de Cent Ans? Juste après l'invention des aiguilles à tricoter?

Cette photo affichée partout, c'est la super honte! Je suis la risée du quartier, maintenant! Hier, un matou pas sympa m'a lancé en ricanant:

– Eh, Zen, qu'est-ce que t'as fait de ton sac? Tu l'as oublié au Monoprix?

Et un autre m'a demandé cruellement quand j'allais l'inviter à faire ses griffes sur mon «joli petit napperon ringard».

Alors voilà, Mamie, ce que je vais faire: je vais me cacher

2 **faire passer qc à travers qc:** etwas durch etwas hindurchstecken. | 2 f. **rien que pour faire qc:** *seulement pour faire qc.* | 3 **rigolo, te** (fam.): witzig, ulkig. | 6 **à part:** *sauf.* | **le fou / la folle:** Verrückte(r). | **le/la sadique:** Sadist(in). | 8 **le napperon:** (Zier-)Deckchen. | **fleuri, e:** *avec des fleurs* (f. pl.). | 11 **une aiguille à tricoter:** Stricknadel (*le tricot:* Stricken; Strickzeug). | 12 **C'est la super honte!** (interj., fam.): Das ist super peinlich! (*la honte:* Schande, Scham). | 12 f. **être la risée de qn/qc:** das Gespött von jdm./etwas sein. | 14 **lancer qc à qn:** ici: *dire qc à qn énergiquement.* | **ricaner:** höhnisch lachen; albern kichern (Subst.: *le ricanement*). | 16 **Monoprix:** franz. Warenhauskette. | 17 **cruellement** (adv.): *méchamment.* | 18 **faire ses griffes:** die Krallen wetzen. | 18 f. **ringard, e:** altmodisch.

dans un coin du quartier en attendant que cette histoire de photo naze se tasse. Le jour où tout le monde m'aura oublié, que plus personne ne me reconnaîtra et que toutes les affiches se seront décollées, je ressortirai de mon trou et je reviendrai. Quand, tu te demandes? Ça, je ne peux te le dire. Disons, un de ces quatre.

Ton pauvre Zen (bien mal à cause de toi!)

2 **naze** (fam.): *bête.* | **se tasser:** kleiner werden; hier (fam.): sich legen; sich regeln. | 4 **se décoller:** sich (ab)lösen. | 6 **Disons …:** Sagen wir mal … | **un de ces quatre (matins)** (loc.; fam.): demnächst, bald. | 7 **être (bien) mal:** in schlechter Verfassung sein.

Lettre de l'inséparable

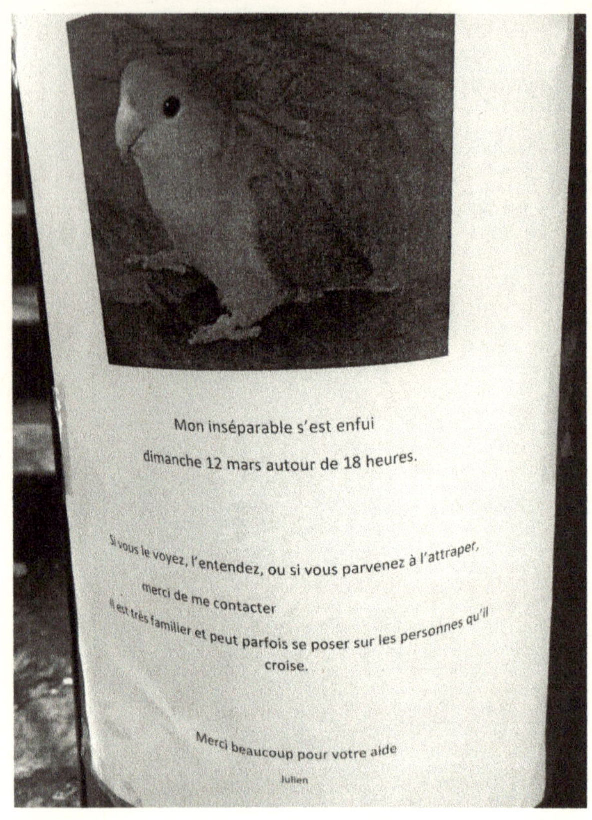

1 **les inséparables:** Unzertrennliche (Gattung von afrik. Papageien). | **s'enfuir:** fliehen, flüchten. | 3 **parvenir à faire qc:** *réussir à faire qc.* | 5 **familier, -ière:** hier: zutraulich. | 6 **croiser qn:** *rencontrer qn par hasard* (m.).

Cher Julien,

J'ai croisé un homme qui parlait tout seul. J'ai cru qu'il était fou. En fait, il était au téléphone. Je me suis posé sur sa tête.

J'ai croisé une amoureuse qui criait, à qui voulait l'entendre, combien elle était heureuse. Je me suis posé sur sa tête.

J'ai croisé un chat qui m'a avoué préférer les pigeons. Je lui ai demandé s'il disait la vérité. Il m'a répondu «oui». Alors je me suis posé sur sa tête.

J'ai croisé un garçon qui n'arrêtait pas de contempler ses baskets neuves. Je me suis posé sur sa tête.

J'ai croisé un autre garçon obsédé par les marques. Je me suis posé sur son bob Nike.

J'ai croisé un policier qui tenait un carrefour. Il savait si bien imiter les oiseaux avec son sifflet que je me suis posé sur sa casquette.

J'ai croisé un cuisinier. Je me suis posé sur sa toque.

J'ai croisé un ouvrier qui avait fini sa journée. Je me suis posé sur son casque.

J'ai croisé un livreur qui attendait sa prochaine course. Je me suis posé sur son vélo.

3 **se poser quelque part:** *atterrir quelque part.* | 4 **crier/raconter qc à qui veut l'entendre** (loc.): etwas jedem ungefragt erzählen/zurufen. | 5 **combien** (adv.): hier: wie sehr. | 10 **contempler qn/qc:** *regarder qn/qc avec intensité* (f.). | 13 **le bob:** Stoffhut (gegen Sonne und Regen); Fischerhut. | 14 **tenir un carrefour** (fam.): *régler la circulation sur un carrefour.* | 17 **la toque (de cuisinier,** m.): Kochmütze. | 20 **la course:** ici: *la livraison.*

J'ai croisé un chien. Je me suis posé sur sa tête. Il ne s'en est même pas aperçu!

J'ai croisé un Japonais qui ne parlait aucun mot de français. Je me suis posé sur sa valise à roulettes.

J'ai croisé un bossu. Je me suis posé sur sa bosse.

J'ai croisé une star en robe du soir. Je me suis posé sur sa tête au milieu de ses barrettes en or serties de diamants.

Je me suis posé sur la tête du volailler, du maraîcher et de la crémière. C'était, tu l'auras compris, dans la rue commerçante.

J'ai croisé un éléphant de cirque juste au moment où il allait entrer en piste. Je me suis posé sur sa tête. Quel numéro nous avons fait!

J'ai croisé un clown qui craignait de n'être plus drôle. Je me suis posé sur sa perruque en plastique verte.

J'ai croisé Gérard Bulot, le voisin grincheux. Je me suis posé sur sa tête, en enfonçant un peu mes griffes.

Je me suis posé sur la tête de quelqu'un qui portait un chapeau. Je préfère cent fois le contact des cheveux.

2 **s'apercevoir de qc:** *remarquer qc.* | 4 **les roulettes** (f. pl.): *les petites roues.* | 5 **le bossu / la bossue:** Bucklige(r) (*la bosse:* Buckel). | 7 **la barrette:** Anstecknadel; hier: Haarspange. | **serti, e de …:** mit eingearbeiteten … (*sertir qc:* etwas [ein]fassen). | 8 **le volailler / la volaillère:** *qui vend de la volaille et du gibier.* | **le maraîcher / la maraîchère:** *qui cultive et vend des légumes* (m. pl.). | 9 **le crémier / la crémière:** *qui vend du lait, du fromage et des œufs* (m. pl.). | 9 f. **la rue commerçante:** *une rue avec des magasins* (m. pl.). | 12 **entrer en piste** (f.): in Aktion treten; hier: in die Manege heraustreten. | 16 **grincheux, -euse:** mürrisch, griesgrämig. | 17 **enfoncer qc (dans qc):** etwas (in etwas) versenken.

Je me suis posé sur la tête d'un chauve. J'ai failli glisser. Je préfère cent fois le contact des cheveux.

J'ai croisé une fille qui venait de se recoiffer. Je me suis posé sur sa tête pour voir comment ses cheveux étaient bien alignés.

J'ai croisé un pilote de ligne qui revenait de Bangkok. Je me suis posé sur ses épaulettes. Il a d'abord cru qu'il m'avait, à son insu, rapporté de là-bas.

J'ai croisé une mouche. Je me suis posé sur sa tête. Je crois que je l'ai écrasée.

J'ai croisé un ministre et je me suis posé sur sa tête. Un conseiller lui a aussitôt soufflé: «Monsieur le Ministre, si je puis me permettre, vous avez une perruche sur la tête!» Mais le ministre ne l'a pas cru et a continué de s'adresser aux journalistes le plus naturellement du monde.

Tandis que j'étais perché sur la tête du ministre, j'ai croisé un photographe. Maintenant, je fais la une des journaux!

J'ai croisé un homme de rien qui essuyait le trottoir avec ses mains. Je me suis posé sur sa tête.

J'ai croisé un enfant fiévreux. Je me suis posé sur sa tête bouillante.

Je me suis posé sur la tête de Mickey. Le Mickey du manège de la place Cardinale.

1 **faillir faire qc:** *presque faire qc.* | 5 **être bien aligné, e:** hier: gut liegen (*aligner qc:* etwas aneinanderreihen). | 7 **une épaulette:** Schulterpolster; Schulterklappe. | 8 **à l'insu** (m.) **de qn:** *sans que qn s'en rende compte.* | 11 **souffler qc à qn:** *dire qc à qn à voix basse.* | 16 **être perché, e sur qc:** *être assis, e sur qc.* | 17 f. **faire la une des journaux** (m. pl.): auf der Titelseite stehen, Schlagzeilen machen. | 22 **bouillant, e:** kochend heiß; hier: glühend heiß. | 23 f. **le manège:** Karussell.

Je me suis posé sur la tête, en bronze, de Victor Hugo.

Je me suis posé sur une jeune fille qui avait une magnifique chevelure rose et sucrée. En fait, c'était sa barbe à papa.

J'ai croisé un pigeon gris et crasseux qui a osé me dire que j'étais bizarre et que ma place n'était pas ici.

J'ai croisé un homme tout nu qui marchait tranquillement dans la rue en chantant des airs d'opéra. Je me suis posé sur sa tête avant que la police ne l'arrête.

J'ai croisé celui dont tout le monde dit qu'il est gentil. Je me suis posé sur sa tête, mais le soi-disant gentil a sorti son fusil!

Je me suis posé sur la raquette d'un tennisman au moment où il allait servir pour gagner le match.

Je me suis posé sur les pieds d'un plongeur juste avant qu'il ne touche l'eau.

Je me suis posé sur la tête d'un conducteur de métro avant qu'il ne rentre sous terre.

J'ai croisé une hirondelle et, tous deux, on a volé haut dans le ciel.

Enfin, j'ai croisé un marchand d'oiseaux. À peine ai-je eu le temps de me poser sur sa tête qu'il m'avait attrapé pour me remettre en cage.

1 **Victor Hugo** (1802–85); französischer Schriftsteller. Zu seinen bekanntesten Werken zählen u. a. *Der Glöckner von Notre-Dame* (*Notre-Dame de Paris*) und *Les Misérables*. | 3 **la chevelure:** *les cheveux* (m. pl.). | 3 f. **la barbe à papa** (m.): Zuckerwatte. | 5 **crasseux, -euse:** schmutzig. | 11 **soi-disant:** angeblich, sogenannt. | 14 **servir:** hier: aufschlagen.

Lettre de Raymoundo

1 **oye, oye!:** eigentl.: *oyé, oyé!* oder *oyez, oyez!* (interj.): Hört, hört!; von *ouïr* (vx., verbe défectif). | 7 **habituellement** (adv.): *normalement.* | 9 **apparement** (adv.): anscheinend. | 11 **borgne:** einäugig; auf einem Auge blind. | **être une crème** (fam.): liebenswürdig sein. | 12 **être un(e) habitué(e) du squattage:** etwa: sich gerne bei Fremden aufhalten (*le squattage:* Hausbesetzung; *un habitué / une habituée:* Stammkunde, -kundin; *squatter chez qn:* vorübergehend bei jdm. wohnen). | **accueillir qn:** jdn. empfangen, aufnehmen.

Hello Sidonie,

Je reconnais: j'ai beau être borgne, castré et pas très jojo, tout le monde m'aime! Tu sais toi-même pourquoi: parce que je suis une crème! Un super matou super gentil, oui! Populaire dans le quartier, je pourrais ajouter. J'aime qu'on me flatte, j'aime qu'on me trouve tout plein de qualités, j'aime qu'on me like, moi, la gueule cassée à l'œil crevé!

Et c'est vrai que j'aime squatter (c'est ton expression) à droite et à gauche. Ce n'est pas difficile. Il suffit que je montre le bout de mon nez pour qu'un humain m'ouvre sa porte.

Pour tout te dire de mon petit voyage dans les rues d'à côté, j'ai passé quelques jours chez la vieille Mme Mercier, la voisine d'en face qui a un balcon fleuri. C'est elle qui m'a enlevé mon collier vert (pour le laver). Mais il est tombé dans le trou de l'évier et personne, pas même le plombier, n'a su le retrouver. Le soir, on dînait devant la télé. J'ai goûté du gigot d'agneau. Je n'en avais jamais mangé. J'ai trouvé ça bon.

2 **reconnaître qc:** *avouer qc.* | **j'ai beau être ...:** obwohl ich ... bin. | **jojo** (fam.): *joli, e.* | 6 **flatter qn:** jdm. schmeicheln. | **tout plein de ...** (fam.): *beaucoup de ...* | 7 **avoir la gueule cassée** (fam.): etwa: ein demoliertes Gesicht haben (*la gueule:* Maul). | **un œil crevé:** ausgestochenes Auge (*crever qc:* etwas aufstechen). | 9 **à droite et à gauche** (adv.): hier und da; überall(hin). | **il suffit que ...:** es genügt, dass ... | 10 **montrer le bout de son nez** (fig.): sich blicken lassen. | 14 **fleuri, e:** *avec des fleurs* (f. pl.). | 16 **un évier:** Spülbecken. | 17 **savoir faire qc:** *être capable de faire qc.* | 18 **le gigot d'agneau:** Lammkeule (*un agneau:* Lamm)

Au bout d'un moment, j'en ai eu assez, alors je me suis glissé dehors pendant que la mémé dormait.

Je suis passé voir la boulangère, qui m'a reconnu.

Elle m'a dit:

– Tiens! Te voilà, toi, crème de matou!

Elle m'a fait visiter son pétrin, tu sais, c'est là où l'on fait le pain. C'est un endroit dans lequel il fait bien chaud et qui sent bon le beurre. Autant dire un paradis pour nous les chats!

– Il doit y avoir une ou deux souris qui traînent par là. Si tu pouvais m'en débarrasser, m'a-t-elle dit.

Ce que j'ai fait! Sans trop de difficultés, malgré mon seul œil ouvert mais qui voit pour deux. Les deux souris en question, gavées de farine, étaient grosses et rondes comme des balles en mousse! Je les ai tout de suite capturées et me suis d'abord amusé à les faire rebondir sous ma patte, avant de les propulser loin dehors à la manière d'un joueur de tennis. En récompense, la boulangère m'a offert un chou fourré à la crème de noisette. Je n'en avais jamais mangé. J'ai trouvé ça bon.

1 f. **se glisser dehors:** sich hinausschleichen. | 2 **la mémé** (fam.): *la mamie, la grand-mère.* | 3 **passer voir qn:** bei jdm. vorbeischauen. | 5 **(une) crème de …** (fam.): ein(e) liebe(r) … | 6 **le pétrin:** Backtrog (*pétrir qc:* etwas kneten, formen). | 8 **autant dire …:** *c'est-à-dire …* | 10 **traîner** (fam.): herumhängen; herumstreunen. | 11 **débarrasser qn de qc:** jdn. von etwas befreien. | 13 f. **qn/qc en question** (f.): jd., um den es geht/ etwas, um das es geht. | 14 **(se) gaver de qc:** (sich) mit etwas vollstopfen. | 15 **la mousse:** hier: Schaumstoff. | 16 **faire rebondir qc:** etwas prellen/dribbeln. | 17 **propulser qn/qc:** jdn./etwas schleudern (*la propulsion:* Antrieb, Vortrieb). | 18 **la récompense:** Belohnung; Finderlohn. | 19 **fourrer qc:** etwas füllen.

Mais avançons, sinon, ça va être trop long!

N'ayant pas envie de rentrer tout de suite chez moi, j'ai squatté un peu chez notre ami Jacques Brune. Comme tu le sais, il est toujours déprimé depuis que sa femme l'a quitté. En appuyant ma tête contre sa joue, je l'ai un peu consolé. Une de ses larmes m'a coulé dans une oreille. Quelle chatouille c'était! À l'heure de l'apéritif, il est allé fouiller dans ses placards et nous a confectionné des tartines avec des rillettes de thon. Je n'en avais jamais mangé. J'ai trouvé ça bon. Il a ensuite vidé une bouteille entière de vin avant de s'écrouler sur le canapé du salon. Je l'ai regardé ronfler et m'en suis allé.

Dans la foulée, j'ai été cogner à la fenêtre de Paul Billoux pour voir s'il était là. Il m'a ouvert et a demandé de tes nouvelles. Il faudra qu'on retourne le voir. Avec ses yeux qui tombent, ses longues oreilles et son souffle rauque, ce Paul Billoux ressemble à un gentil animal. Pour tout te dire, je l'aime bien.

Chère Sidonie, en ce moment, j'habite chez une certaine Caroline Chiche que j'ai rencontrée rue André-del-Sarte.

1 **Mais avançons:** Weiter geht's. | 6 **la larme:** Träne. | 6 f. **la chatouille / les chatouilles:** Kitzeln. | 7 **fouiller (dans) qc:** etwas durchsuchen/durchforsten. | 8 **confectionner qc:** *fabriquer qc;* ici: *préparer qc.* | 9 **les rillettes** (f. pl.): Brotaufstrich (meist auf Schwein-, Geflügel- oder Fischbasis). | 11 **s'écrouler:** zusammenbrechen; hier: vor Müdigkeit umfallen. | **ronfler:** schnarchen. | 13 **dans la foulée** (adv.): *directement après.* | **j'ai été …** (fam.): eigentl.: *je suis allé, e …* | **cogner:** klopfen, pochen. | 14 f. **demander des nouvelles** (f. pl.) **de qn:** *demander comment qn va.* | 15 **falloir faire qc:** *devoir faire qc.* | **retourner faire qc:** *aller de nouveau faire qc.* | 16 **tomber:** hier: runterhängen. | **le souffle:** Atem; Atmung. | **rauque:** rau, heiser.

Elle occupe un petit rez-de-chaussée coquet près du café qui fait face au square. Il n'y a aucune raison que tu la connaisses, pas plus que moi avant que je la rencontre. Hasard amusant: c'est elle qui possède le scooter LT sur lequel tu m'as pris en photo l'autre jour! Il paraît qu'elle adore les chats! L'autre soir, elle m'a fait goûter du lard fumé. Je n'en avais jamais mangé et j'ai trouvé ça bon.

Ma lettre est presque finie.

C'était hier. Alors que je commençais à prendre mes aises en dégustant, pour la première fois, un yaourt à la fraise, la voilà qui revient avec une des affiches que tu as collées partout dans le quartier.

– C'est bien toi, ce chat borgne super gentil? Mais oui, c'est bien toi! s'est-elle exclamée en comparant la photo sur l'affiche avec ma vraie tête. Regarde! Ta maîtresse te recherche! La pauvre!

Chère Sidonie, lorsque tu recevras cette lettre, Caroline Chiche t'aura sûrement appelée pour que tu viennes me chercher. J'aurai regagné mon panier et tout sera rentré dans l'ordre. Cependant, un point obscur reste à éclaircir.

1 **occuper qc:** ici: *habiter qc.* | **coquet, te:** hübsch, nett, reizend.
2 **faire face** (f.) **à qc:** *être en face* (f.) *de qc.* | **le square:** kleine Grünanlage inmitten eines Platzes. | 3 f. **le hasard:** Zufall; Schicksal. | 5 **il paraît que** (+ ind.): anscheinend. | 6 **faire faire qc à qn:** *forcer qn à faire qc.* | 7 **le lard fumé:** Räucherspeck. | 9 **prendre ses aises:** ganz ungeniert sein; sich wie zu Hause fühlen (*une aise:* Bequemlichkeit). | 10 **déguster qc:** etwas probieren/genießen. | 11 **une affiche:** Aushang; Plakat. | 14 **s'exclamer:** ausrufen. | 19 **regagner qc:** *retourner dans qc/quelque part.* | **le panier:** Korb; hier: Katzenkorb. | 19 f. **rentrer dans l'ordre**: wieder seinen gewohnten Gang gehen (*un ordre:* Ordnung; Reihenfolge; Orden). |
20 **obscur, e:** *sombre; incompréhensible.* | **il reste à faire qc:** es bleibt etwas zu tun. | **éclaircir qc:** Licht in etwas bringen; etwas klären.

Sur l'affiche, tu écris que les vacances pour moi vont être finies. Comptes-tu, dorénavant, me faire travailler? Si oui, à quoi?

Signé: Raymoundo-qui-n'a-qu'un-œil

2 **compter faire qc:** *vouloir faire qc.* | **dorénavant** (adv.): *à partir de maintenant.*

Lettre de Jon Snow

3 **aux alentours** (m. pl.) **de qc:** *près de qc.*

Mes chers maîtres,

Je suis mort mais je vais bien!

Je vous explique. L'autre jour, je me promenais dans la rue (c'est vrai que je m'étais un peu sauvé mais vous savez que c'était dans mes habitudes). J'étais donc dans la rue et puis un ami chat m'a appelé. Quand j'ai traversé pour le retrouver, je n'ai pas vu la voiture qui venait vers moi à toute vitesse. J'ai entendu ses pneus crisser, j'ai tourné la tête, mais c'était trop tard. J'ai été d'abord projeté en l'air puis je me suis écrasé sur le pavé! Quand je me suis ensuite traîné sous une autre voiture qui était stationnée, j'ai senti que quelque chose de grave venait de m'arriver. J'ai vu tout flou et puis tout noir. J'ai senti mes pattes, sous moi, se dérober. Enfin, je suis tombé sur le côté. Voilà, j'étais mort!

Ne soyez pas tristes car l'histoire n'est pas finie!

Je me suis vu hors de mon corps. Je me suis élevé dans les airs et j'ai traversé un long tunnel de lumière. C'était comme un doux voyage en montgolfière par temps ensoleillé. Au bout d'un moment indéterminé, je suis descendu de mon nuage clair et me suis retrouvé dans la cour d'un

3 **l'autre jour:** *il n'y a pas longtemps.* | 4 **se sauver:** hier: abhauen. | 6 f. **retrouver qn:** ici: *aller chez qn.* | 8 **à toute vitesse** (adv.): *très vite.* | **crisser:** quietschen; knirschen. | 9 **projeter qn/qc en l'air** (f.): jdn./etwas in die Luft schleudern. | 10 **s'écraser quelque part:** gegen etwas prallen. | **le pavé:** Pflasterstein; (Straßen-)Pflaster (Adj.: *pavé, e*). | **se traîner quelque part:** sich an einen Ort schleppen. | 12 **flou, e:** verschwommen. | 13 **se dérober:** nachgeben; versagen. | 18 **la montgolfière:** Heißluftballon. | 19 **au bout de qc:** *après qc.* | **indéterminé, e:** *non précisé, e.*

vaste palais. D'autres chats m'y attendaient. Des jeunes, des vieux, des amochés comme moi.

– Mais où sommes-nous? ai-je demandé.

– Au paradis, m'a répondu un des chats, qui ressemblait à un garde en uniforme. Ne vous inquiétez pas, on va venir vous chercher. Pour vous faire patienter, puis-je vous offrir un verre de lait?

J'ai demandé aux chats qui attendaient avec moi pourquoi ils s'étaient, eux aussi, retrouvés au paradis.

– Parce que je suis mort de ma belle mort, mon jeune ami! a répondu fièrement un vieux chat de 20 ans tout édenté.

– Moi, parce que je suis tombé du huitième étage!

– Moi, parce qu'un chasseur, me prenant pour un lièvre, m'a tiré dessus.

– Moi, parce que j'avais des problèmes de reins!

– Les problèmes de reins, c'est mauvais, ça! s'est exclamé un chaton qui, lui, était mort noyé.

Puis un haut-parleur a crié mon nom.

– Jon Snow! Guichet n° 145.

Un garde m'a emmené jusqu'au guichet 145, où une sorte de vieux tigre à la barbe blanche m'attendait.

– Tu es Jon Snow, n'est-ce pas? m'a-t-il demandé d'une voix grondante.

– Oui, ai-je murmuré timidement.

1 **vaste:** weit; ausgedehnt. | 2 **amocher qn/qc** (fam.): jdn./etwas übel zurichten (*moche,* fam.: mies; hässlich). | 5 **le/la garde:** Wächter(in); Bewacher(in). | 6 **faire patienter qn:** *faire attendre qn.* | 10 **être mort, e de sa belle mort** (fig.): einfach eingeschlafen sein. | 11 **édenté, e:** *sans dents* (f. pl.). | 15 **le rein:** Niere. | 16 **s'exclamer:** ausrufen. | 17 **se noyer:** ertrinken (Subst.: *la noyade*). | 18 **le °haut-parleur:** Lautsprecher. | 22 f. **d'une voix grondante:** mit knurrender Stimme. | 24 **murmurer:** *parler à voix basse.*

– Parle plus fort! Je suis vieux, un peu sourd et je vois des centaines de chats par jour! Tu t'appelles bien Jon Snow?

– OUI!

– Bien! Voyons voir ton état civil! souffla le félin aux airs de notaire tout en ouvrant un épais cahier rempli de lignes toutes fines. Tu es né à Paris en 2018. Ta mère s'appelle Moustique et ton père Loris, c'est ça?

– OUI!

– Tu n'as pas tout à fait 2 ans. Dis donc, tu es un peu jeune pour mourir, non?

– Je trouve aussi.

– Alors, si je fais bien le compte, tu en es à ta deuxième vie. Il t'en reste donc cinq, car tu n'es pas sans savoir que les chats possèdent sept vies en tout.

– J'en ai entendu parler, monsieur.

– Tu vas par conséquent renaître. Tu le veux bien, au moins?

– Je veux quoi, monsieur?

– Eh bien, renaître, idiot! Naître à nouveau! Naître encore! Suis-je assez clair?

– Oh oui, monsieur, j'ai compris, et je le veux!

– Il faut d'abord que je te prévienne. Tu vas donc renaître. Mais ce n'est pas moi qui vais décider où tu vas renaître. Ce-

1 **sourd, e:** *qui n'entend pas.* | 4 **voyons voir …:** wollen wir doch mal … ansehen. | **un état civil:** Personenstand, Familienstand; Standesamt. | **souffler:** keuchen, schnaufen (*le souffle:* Atem; Atmung). | 4 f. **aux airs de …:** …haft; hier: mit dem Aussehen von … (*un air:* Aussehen; Miene). | 5 **épais, épaisse:** *gros, grosse.* | 9 **dis donc** (interj.): sag mal, sag bloß. | 12 **faire le compte:** (zusammen)rechnen, | **en être à qc:** bei etwas angekommen sein. | 14 **en tout:** insgesamt. | 16 **par conséquent:** *donc.* | 22 **prévenir qn:** jdn. benachrichtigen; jdn. warnen.

la pourra être partout où une chatte va mettre au monde ses petits. Dans n'importe quel endroit du monde d'en bas. Tout va donc recommencer à zéro. Tu vas redevenir un tout petit chaton. Tu pourras te retrouver dans une famille australienne, dans un grenier en Espagne ou entre deux poubelles du Caire. C'est le hasard qui décidera. Alors, avant de signer ton «bon pour une renaissance», il faut que tu saches aussi que tu ne reverras probablement pas tes précédents maîtres. Sauf si, fait incroyable, tu renaissais dans la rue d'à côté. Je crois que c'est arrivé une fois. Une fois en cinq mille ans. Et puis, si tu as de nouveaux maîtres, ils te donneront un nouveau nom, et plus personne ne t'appellera Jon Snow, sauf si, hasard incroyable, tes nouveaux maîtres te choisissaient le même nom. Je crois que c'est arrivé une fois. Une fois en dix mille ans. Je te repose la question: veux-tu toujours renaître?

– Oui, monsieur, ai-je marmonné, un peu étourdi par toutes ces informations.

– PARLE PLUS FORT!

– OUI, MONSIEUR!

– Alors lève la patte droite et répète après moi: Moi, Jon Snow, je veux renaître.

– MOI, JON SNOW, JE VEUX RENAÎTRE!

– C'est bien. Pour finir, il me faut une petite signature, là. Tiens, prends cette plume d'oie. Si tu ne sais pas écrire, des-

1 **mettre au monde** (m.): gebären, zur Welt bringen. | 2 **n'importe quel, le:** irgendein(e). | 6 **le Caire:** Kairo. | **le °hasard:** Zufall; Schicksal. | 7 **le bon:** Gutschein. | 8 **probablement** (adv.): wahrscheinlich (Subst.: *la probabilité*). | **précédent, e:** vorhergehend, vorangegangen (Verb: *précéder*). | 9 **le fait:** Tatsache; Tat; Sachverhalt. | 17 **marmonner:** murmeln. | **étourdi, e:** benommen. | 24 **pour finir:** zum Schluss.

sine juste une croix. Tu peux t'en aller, maintenant. AU SUIVANT!

Le garde m'a emmené dans un vaste bâtiment qui ressemblait à un aéroport. Il m'a laissé à l'entrée d'un gros tuyau sur lequel il y avait inscrit «Départs». Le tuyau m'a aspiré, et c'est comme ça que je suis re-né.

À cette heure, je suis un tout petit chaton qui ouvre à peine les yeux. Je ne suis plus tigré comme je l'étais avant, mais noir et blanc. Je tète ma nouvelle mère à côté de mes cinq frères et sœurs, tous ressuscités! Je ne sais pas très bien où je suis, car tout m'est inconnu. Une fenêtre s'ouvre sur un vaste paysage de givre. Dans cette maison, un grand poêle ronronne. Peut-être suis-je dans une cabane en Norvège. Ou bien au Canada. En tout cas, heureux d'être de nouveau vivant!

Je me souviens par bribes de ma vie d'avant. De vous, mes chers maîtres, de vos caresses. Quand je ferme les yeux, je revois votre bel appartement qu'il m'a plu d'habiter ainsi que l'allée pavée de la cité Griset.

Je vous envoie des ronrons bien forts.

Votre Jon Snow (en attendant qu'on lui trouve un autre nom)

1f. **Au suivant!** (interj.): Der Nächste bitte! | 5 **le tuyau:** Rohr. | 6 **aspirer qn/qc:** jdn./etwas (ein)saugen. | 7 **à cette heure** (adv.): *maintenant.* | 9 **téter qn:** an jds. Brust trinken/saugen. | 10 **ressusciter:** *renaître.* | 12 **le givre:** (Rau-)Reif; Reifglätte. | 13 **le poêle:** (Heiz-)Ofen. | **ronronner:** hier: surren. | **la cabane:** Hütte. | 16 **par bribes:** bruchstückhaft; nach und nach (*la bribe:* Bruchstück, Fetzen). | 19 **pavé, e:** gepflastert.

SMS d'India

Je recherche ce chat « India »
Merci de téléphoner

Slt!
Dzolé.
G rencontré un cat hyper sympa é je le kiff
Il s'apelle Gruss
En + il est bg
Il m'a emmenée au parc et on C fé des kiss
Sui in love et Tvb :)
Sinon komencava? kwa29?
Swa pa triste
C pa grave si jsuis plu là
Puiske m jvb
Te fé pad souci pour mwa
G besoin 2 rien
Et LS tonB les affiches

Hinweis: Dieser Text sollte zum besseren Verständnis unbedingt laut gelesen werden, da in der französischen SMS-Sprache viele Vokale, Endkonsonanten und Verneinungspartikel weggelassen werden. Im Anhang auf Seite 152 befindet sich ein ausgeschriebener »Lösungstext«. | 1 **Slt!:** *salut!* | 2 **Dzolé:** *désolé.* | 3 **G rencontré:** *J'ai rencontré.* | **le cat** (fam.): *le chat.* | **hyper** (fam.): *très.* | **kifer qn/qc** (fam.): voll auf jdn./etwas stehen. | 5 **le bg:** *le beau gosse / la belle gosse* (fam.): *le joli garçon / la jolie fille* (*le/la gosse,* fam.: *un enfant*). | 6 **se faire des kiss** (fam.): *se faire des bisous* (m. pl.). | 7 **Suis in love** (fam.): *Je suis amoureux(-euse).* | **tvb:** *tout va bien.* | 8 **kwa29?:** *Quoi de neuf?:* Was gibt's Neues? | 9 **Swa pa:** *sois pas …* (fam.): *Ne sois pas …* | 10 **si jsuis plu là** (fam.): *si je ne suis plus là.* | 11 **m jvb:** *moi, je vais bien.* | 12 **se faire du souci pour qn:** sich um jdn. sorgen. | **mwa:** *moi.* | 13 **G besoin 2 rien:** *j'ai besoin de rien* (fam.): *je n'ai besoin de rien.* | 14 **LS tonB …:** *Laisse tomber …* (interj.): Vergiss … | **une affiche:** Aushang; Plakat.

pk? Cpa 1possibl ke je revienne asap
2 M1 ou aprè 2 M1
pour le momen C laventur avec Gruss et c mdr
hier sou un ban du parc Cté tro bizar on a trouV un truc
chelou
keske C on C di
Cté le phone de kelk1 ki lavai perdu
C pour ça que je peu te textoter
Tu peux mapelé aussi b1sur
@+
JTm for
INDIA

Lösungstext dazu auf Seite 152

1 **pk?:** *Pourquoi?* | **Cpa 1possible:** *C'est pas impossible* (fam.): *Ce n'est pas impossible.* | **asap:** *as soon as possible*: baldmöglichst, baldigst, schleunigst. | 2 **2M1:** *Demain.* | 3 **c mdr:** *c'est amusant* (mdr: *mort, e de rire*: lol). | 4 **le truc** (fam.): *la chose.* | 5 **chelou** (*verlan* [Silbentausch] von *louche*): verdächtig, zweifelhaft. | 7 **le phone** (fam.): *le téléphone.* | 8 **textoter à qn** (fam.): *envoyer un sms à qn.* | 9 **b1sur:** *ben sur* (fam.): *bien sûr.* | 10 **@+:** *à plus!* (interj.; fam.): *à bientôt!* | 11 **JTm:** *je t'aime.*

Lettre du petit chien blanc aux oreilles moitié-moitié

2 **tacheté, e:** *avec des taches* (f. pl.). | **moitié […] moitié […]:** halb […] halb […]; hier: zweifarbig. | 3 **le Terrier Jack Russel:** Jack Russel Terrier.

Mon Gustavo,

Non, je ne suis pas perdue. Pas perdue parce que je ne suis pas seule.

Hier, alors que je me promenais dans le quartier, il m'est arrivé un truc incroyable: j'ai rencontré le chien de ma vie! Non, tu ne le connais pas. Ce n'est pas un petit terrier Jack Russel comme moi. C'est un beau barbu tchèque, c'est-à-dire un chien qui me dépasse en hauteur, au poil dur, à l'aspect fort et résistant. Tu verrais ça: sa tête est sèche, très étroite et bien placée tout en haut du cou. Ses yeux, en forme d'amande, ont une expression brave et sagace. Sa truffe est noire et brille comme un bloc de réglisse. Ses oreilles sont hautes et larges, mais elles s'affinent et finissent en pointe. Il porte fièrement sa queue presque à l'horizontale. C'est clair: il m'a tout de suite tapé dans l'œil!

J'ai hâte de te le présenter. Déjà pour te montrer qu'on va bien ensemble. Pour que tu te dises: «Ah oui, vous êtes très

5 **arriver à qn:** jdm. passieren. | **le truc** (fam.): *la chose.* | 7 **barbu, e:** bärtig. | 9 **un aspect:** Aussehen, Anblick, Äußeres. | **Tu verrais ça!:** Du müsstest es sehen! | 10 **sec, sèche:** hier: markant. | 11 **brave:** *courageux, -euse.* | 12 **sagace:** scharfsinnig. | 12 f. **la réglisse:** Lakritze. | 13 **s'affiner:** *devenir plus fin, e.* | 14 **finir en qc:** *se terminer en qc.* | 15 **C'est clair!** (interj.): So viel steht fest! | 15 f. **avoir tapé dans l'œil** (m.) **de qn** (loc.; fam.): es jdm. angetan haben. | 17 **avoir °hâte de faire qc:** es kaum erwarten können, etwas zu tun (*la °hâte:* Eile, Hast). | 17 f. **aller bien ensemble:** zusammenpassen. | 18 f. **être bien assorti(e)s:** gut zusammenpassen.

bien assortis!» et que tu reconnaisses enfin tes fautes de goût en matière de toutous.

Dire que tu voulais me marier à un cocker américain! Un chien vraiment minus! Avec des oreilles tombantes et frangées! N'importe quoi! Moi, avec un chien d'agrément! Avec un pot de colle? Avec un «toujours joyeux qui remue l'arrière-train»? Tu m'as bien regardée?

Présente-moi à un chihuahua tant que tu y es! Un toutou décoratif et qui tremble! Un porte-clefs qui fait «wah! wah!».

Ensuite, tu as voulu me coller avec un énorme dogue. Un dogue de Bordeaux. Une masse de 50 kilos qui bave. J'ai oublié son nom, mais je me souviens bien de ce géant, plus près du cheval que du chien! De sa grosse tête tombante quand il lui fallait me regarder. De sa lenteur pataude et de son souffle rauque.

«Non, je me suis dit! Ce n'est pas pour moi, ce gros machin!»

1 **reconnaître qc:** hier: etwas einsehen, sich etwas eingestehen. | 2 **en matière** (f.) **de ...:** was ... angeht. | 3 **(Et) dire que ...:** Wenn man so bedenkt, dass ... | **le cocker américain:** Amerikanischer Cocker Spaniel. | 4 **minus** (fam.): *très petit, e.* | **tombant, e:** hier: hängend. | 4 f. **frangé, e:** mit Fransen. | 5 **N'importe quoi!** (interj.) So ein Quatsch! | **le chien d'agrément:** Gesellschaftshund (*un agrément:* Vergnügen). | 6 **le pot de colle** (f.): Kleistertopf; hier (fam.): Klette. | **remuer:** *bouger.* | 7 **un arrière-train:** Hinterteil. | 8 **tant que tu y es** (interj.)!: wenn du schon dabei bist! | 9 **le porte-clefs:** Schlüsselanhänger. | 11 **coller qn avec qn** (fam.): jdn. mit jdm. zusammenbringen. | 12 **le dogue de Bordeaux:** Bordeauxdogge. | 13 **le géant / la géante:** Riese, Riesin. | 15 **il lui fallait faire qc:** *il devait faire qc.* | **la lenteur:** Langsamkeit; Trägheit. | **pataud, e:** plump, ungeschickt. | 16 **le souffle:** Atem; Atmung. | **rauque:** heiser. | 17 **le machin** (fam.): *la chose.*

Tu imagines les enfants qu'on aurait faits! Je sais qu'il existe toutes sortes de bâtards issus de croisements bizarres. Qu'on peut faire se rencontrer un chien chinois à crête et un bichon havanais. Qu'on peut marier un braque allemand femelle au pelage raide à un mâtin napolitain. Un griffon belge à un petit chien lion. Un sloughi à un spitz de Norrbotten. Un caniche couleur caramel au beurre à un terre-neuve noir comme du charbon. Mais bon, il y a des limites!

Quant à mon barbu tchèque, il est juste parfait! Et, ça tombe bien, il paraît qu'il me trouve pas mal du tout! Il m'a confié que la première chose qu'il avait remarquée chez moi, c'étaient mes drôles d'oreilles moitié-moitié.

– Ah bon? ai-je fait bêtement, en secouant la tête.

Il faudra que quelqu'un m'explique un jour ce que «moitié-moitié» signifie, surtout lorsqu'on parle d'oreilles.

2 **toutes sortes de …:** allerlei … | **être issu, e de qc:** aus etwas entstanden sein, von etwas stammen. | 3 f. **le chien chinois à crête** (ou **le chien nu chinois**): Chinesischer Schopfhund (*la crête:* Haube; Kamm). | 4 **le bichon havanais:** Havaneser. | 4 f. **le braque allemand (à poil court):** Deutsch Kurzhaar. | 5 **raide:** starr, steif; hier: glatt. | **le mâtin napolitain** (ou **le mâtin de Naples**): Mastino Napoletano. | 6 **le griffon belge:** Belgischer Griffon. | **le petit chien lion** (m.): Löwchen. | 7 **le sloughi** (ou **le lévrier arabe**): Sloughi. | 7 f. **le spitz de Norrbotten:** Norrbottenspitz. | 8 **le terre-neuve** (ou **le retriever de Terre-Neuve**): Neufundländer. | 10 f. **ça tombe bien:** das trifft sich gut. | 11 **il paraît que …:** anscheinend … | 11 f. **confier qc à qn:** jdm. etwas anvertrauen. | 14 **Ah bon?** (interj.): Ach ja?, Wirklich? | **secouer:** schütteln.

Je te laisse. Mon Tchèque m'attend pour aller gambader vers la zone commerciale. Tu vois, je m'amuse!

À plus tard.

Signé: ton petit chien blanc, femelle de petite taille, à poil court, au pelage tacheté et aux oreilles moitié-moitié.

Ton petit Jack Russel

1 **aller faire qc:** etwas ... gehen. | **gambader:** herumspringen; herumtollen. | 2 **la zone commerciale:** Gewerbegebiet.

Lettre de la perruche Calopsitte

Avis de recherche

Je recherche mon oiseau, une perruche calopsitte. Elle fait 30 cm de longueur, elle est très sociable et s'approche des hommes naturellement. Elle vole très peu et très bas. Elle se trouve probablement dans le coin. Si vous la voyez, veuillez me contacter au

1 **un avis de recherche** (f.): Such-/Vermisstenanzeige; Fahndung (*un avis:* Mitteilung; Bescheid). | 2 **la perruche Calopsitte:** Nymphensittich. | 3 **sociable:** gesellig, umgänglich. | 5 **se trouver:** sich befinden.

Cher propriétaire,

C'est le marchand de poulets qui m'a trouvée et je dois te dire que je suis encore entre ses mains. Il avait l'air émerveillé quand il m'a recueillie. Il m'a avoué que, d'habitude, les oiseaux qu'il voyait étaient froids, ficelés et sans plumes. Il m'a emmenée chez lui et m'a fabriqué un perchoir à partir de deux manches à balai bricolés. À ses yeux, c'est comme si j'étais une sorte d'objet précieux. Et puis son regard a changé. Il est devenu un peu, très intéressé, voire gourmand.

Voilà trois jours qu'il me tâte les cuisses et les ailes et m'oblige à manger les morceaux de pain trempés dans le lait qu'il a préparés pour moi. Il se met en colère si je fais non avec la tête et lorsque je claque du bec. Je commence à voir clair dans son jeu: nous sommes proches des fêtes de Noël,

3 **avoir l'air ...:** ... aussehen (*un air:* Aussehen; Miene). | 3 f. **être émerveillé, e:** entzückt/höchst begeistert sein. | 4 **recueillir (un animal):** ein zugelaufenes Tier bei sich aufnehmen. | **avouer qc:** etwas zugeben. | **d'habitude:** *normalement* (*une habitude:* Gewohnheit). | 5 **ficeler qn/qc:** jdn. fesseln; etwas schnüren; etwas (mit einem Bindfaden) umwickeln. | 6 f. **à partir de qc:** *avec qc.* | 7 **le manche:** Griff; Stiel. | **bricoler qc:** etwas (zusammen-)basteln. | 9 **voire:** ja sogar. | 9 f. **être gourmand, e:** (für sein Leben) gern essen; hier: (geld)gierig sein. | 11 **Voilà ... que:** hier: seit ... ist es nun so, dass. | **tâter qc:** etwas befühlen/betasten. | **la cuisse:** (Ober-)Schenkel. | 12 **tremper qc dans qc:** etwas in etwas (ein)tunken. | 13 **se mettre en colère:** wütend werden (*la colère:* Wut). | 14 **claquer de qc:** mit etwas klappern.

et ce gros commerçant me gave comme une oie! Veut-il confectionner du foie gras avec mon foie?

Foie gras de perruche-Pâté de Calopsitte.

Voilà qui ferait de bien belles étiquettes pour les gourmets!

– Viens, ma dinde! m'a-t-il hurlé l'autre fois alors que j'essayais de lui échapper.

Cher propriétaire, si tu ne me retrouves pas rapidement, il y a de fortes chances que le plan funeste de ce volailler cupide réussisse. Or je ne veux pas atteindre une taille de volaille. Je ne veux pas devenir aussi grosse qu'une poule ultra-luxe ni aussi gonflée qu'un chapon! Je ne veux pas finir sur une table de fête en perruche aux marrons, en perruche à l'estragon, en bouillon de perruche ou bien en nuggets de perruche. Tu me vois, découpée savamment, une tomate cerise dans le bec? Avec toutes mes belles plumes plantées en éventail dans la purée?

Viens! Et vite!

Signé: ta perruche Calopsitte

1 **gaver qn/qc comme une oie** (loc.): jdn. wie eine Gans stopfen. | 3 **confectionner qc:** *fabriquer qc.* | **le foie gras:** Gänsestopfleber (*le foie:* Leber). | 3 **le pâté:** Pastete, Terrine. | 6 **°hurler qc à qn:** jdm. etwas zubrüllen. | 9 **funeste:** verhängnisvoll, unselig. | **cupide:** (geld)gierig. | 10 **atteindre qc:** etwas erreichen. | 13 **le marron:** Esskastanie, Marone. | 15 **savamment** (adv.): geschickt, fachmännisch. | 17 **en éventail:** fächerartig, gefächert (*un éventail:* Fächer).

Lettre du chat perdu ou volé

4 **la récompense:** Belohnung; Finderlohn.

Bonsoir mes maîtres,

Pour répondre à votre interrogation «perdu ou volé», je peux vous dire, sans l'ombre d'un doute, que j'ai été volé! Volé, oui! Comme il existe des voleurs de poules, des voleurs de voitures, des voleurs de bijoux, eh bien, il y a des voleurs de chats!

Ils sont arrivés à pas de velours avec leur gros sac de toile. Peut-être cherchaient-ils un bon rat, un chien de race, un trésor de poubelle. En tout cas, ils m'ont attrapé à peine avais-je mis le bout du nez dehors. Sans que j'aie eu le temps de sortir mes griffes, ils m'ont jeté dans le sac qui sentait la vieille chèvre et la poussière mais aussi une autre odeur piquante, celle qu'émettent les chats lorsqu'ils sont effrayés, ce qui était mon cas.

On m'a mis dans le coffre d'une voiture et on a roulé longtemps. Sorti du sac, je me suis retrouvé sous la lumière crue d'un néon. J'étais dans une pièce presque sans aucun meuble, en compagnie d'autres chats aussi hagards que moi. Ils m'ont regardé comme le petit nouveau. Ils se sont

3 **sans l'ombre** (f.) **d'un doute** (loc.): ohne den geringsten Zweifel. | 7 **à pas de velours** (fig.): auf Samtpfoten (*le velours:* Samt.) | **la toile:** Stoff. | 10 **mettre le bout du nez dehors** (loc.): vor die Tür gehen. | 11 **sortir ses griffes** (f. pl.): die Krallen ausfahren. | 13 **piquant, e:** pikant; stechend. | **émettre qc:** etwas von sich geben. | 14 **effrayer qn:** jdn. ängstigen / jdm. Angst machen. | 15 **le coffre (d'une voiture):** Kofferraum. | 16 **se retrouver quelque part:** sich irgendwo wiederfinden. | 17 **cru, e:** roh; hier: grell. | **le néon:** Neonröhre; Neonlicht. | 18 **°hagard, e:** verstört. | 19 f. **se rapprocher de qn/qc:** *s'approcher de qn/qc.*

rapprochés pour me renifler. Ils m'ont demandé d'où je venais.

– De Mareuil-lès-Meaux, quartier des Bon-voisins, ai-je répondu.

– Moi, je viens de Crécy-la-Chapelle, m'a dit un gros matou en me serrant la patte.

– Moi, de Savigny-le-Temple, m'a confié une jeune chatte, tigrée comme moi.

Un chat avait été enlevé dans une rue de Noisy-le-Grand. Encore un autre dans le jardin d'un pavillon non loin de Champigny-sur-Marne.

– Et qu'est-ce qu'on va faire de nous? me suis-je inquiété.

Aucun des chats capturés n'avait la réponse. Ce qu'ils savaient, c'est qu'ils étaient de plus en plus nombreux chaque jour. Au début, ils étaient deux. Et puis ils ont été cinq, puis huit, puis douze.

– Nous sommes vingt, à présent, a grogné un chat très gros d'une couleur blanc sale.

– Je crois qu'il faut trente chats pour faire un manteau! a lancé son compère en regardant ses griffes.

Alors un silence d'effroi a traversé la pièce et les chats les plus peureux se sont mis à ramper sous la seule étagère de

3–9 **Mareuil-lès-Meaux, Crécy-la-Chapelle, Savigny-le-Temple, Noisy-le-Grand:** Ortschaften im Département Seine-et-Marne. | 7 **confier qc à qn:** jdm. etwas anvertrauen. | 9 **enlever qn:** jdn. entführen/kidnappen. | 11 **Champigny-sur-Magne:** Stadt südöstlich von Paris. | 14 **capturer qn/qc:** jdn./etwas einfangen/festnehmen. | 18 **à présent** (adv.): *maintenant.* | **grogner:** knurren; grunzen; brummen. | 21 **lancer qc:** ici: *dire qc énergiquement.* | **le compère:** Kumpan; Mitwisser. | 23 **se mettre à faire qc:** *commencer à faire qc.* | **ramper:** kriechen.

la pièce. À ce moment-là, la porte s'est ouverte, et un des voleurs s'est avancé avec un autre gros sac, de croquettes, cette fois. Il en a jeté des poignées sur le sol en sifflant comme si nous étions de la volaille qui allait picorer, avant de repartir sans égards pour nous.

– Au moins, on ne nous laisse pas mourir de faim! souffla un chat noir, la bouche pleine.

Je ne sais combien de temps on est restés dans cette pièce qui ressemblait à un garage. Des heures? Des jours? À un moment, on nous a rassemblés pour nous enfermer, nous les vingt chats, dans une cage grande comme une cabane de jardin. Sur un camion on nous a embarqués. Des frontières on a traversé. Ensuite on nous a chargés dans un train. Puis la cage a été posée tout au fond d'une cale de bateau. L'air sentait la mer et il s'est mis à faire doux comme en plein été. Le roulis du cargo sur les flots a rendu le gros matou blanc malade. Moi, ça allait. J'ai découvert que j'avais, non pas le pied marin, mais la patte marine.

Après des jours de traversée, nous sommes arrivés dans un pays chaud et aveuglant de lumière, et partout autour,

2 **s'avancer:** vortreten; näher kommen. | 3 **une poignée:** *une pleine main.* | 4 **picorer qc:** etwas (auf)picken. | 5 **les égards** (m. pl.): Achtung; Aufmerksamkeit; Rücksicht. | 6 **mourir de faim** (f.): verhungern. | 6 f. **souffler:** keuchen, schnaufen. | 10 **rassembler** (des personnes, f. pl.): gruppieren, versammeln (Subst.: *le rassemblement*). | 11 **la cabane:** Hütte. | 12 **embarquer qn/qc:** jdn./etwas an Bord nehmen; hier (fam.): jdn./etwas wegschaffen. | 13 **charger qc quelque part:** etwas irgendwo einladen. | 14 **la cale** (bateau, avion): Lade-, Frachtraum. | 16 **le roulis:** Schlingern. | **le cargo:** Frachtschiff, Frachter. | **les flots** (m. pl.; litt.): *la vague, les vagues.* | 18 **avoir la patte marine** (loc.): eigentl.: *avoir le pied marin* (loc.); seefest sein. | 20 **être aveuglant, e de lumière** (f.): grelles Licht haben.

c'était le désert. Un chat égyptien a émis l'idée qu'on était peut-être chez lui.

Sur une route caillouteuse, on nous a encore un peu bringuebalés, et puis un de nos ravisseurs a crié en ouvrant la cage:

– Voilà, les minous, vous êtes arrivés! Vous allez vous régaler!

On nous a alors éparpillés dans un vaste hangar rempli de sacs de grains. Des souris, des mulots, des rats au ventre rond couraient en tous sens. En voyant cela, nous avons enfin compris pourquoi on nous avait emmenés jusque-là: pour régler leur compte à ces nuisibles qui dévorent tout sur leur passage. Comme à l'époque des pharaons où les Égyptiens laissaient les chats dans les silos à blé pour éloigner rongeurs et serpents, et ainsi protéger les récoltes.

Alors nous nous sommes mis au travail. C'était facile, pour nous, les chats. Même pour ceux qui, très chouchoutés, n'avaient jamais chassé de leur vie. Il leur fallait juste laisser parler cet instinct de prédateur qui nous habite tous.

La première journée, j'ai attrapé sept souris, deux mulots

1 **émettre qc:** etwas von sich geben. | 3 **caillouteux, -euse:** steinig. | 4 **bringuebaler qn/qc** (fam.): jdn./etwas hin- und herrütteln. | **le ravisseur / la ravisseuse:** Entführer(in). | 6 f. **se régaler:** es sich schmecken lassen; seinen Spaß haben. | 8 **éparpiller:** verteilen. | **vaste:** weit; ausgedehnt. | 9 **le grain:** Korn; Getreide. | **le mulot:** Wald-, Feldmaus. | 10 **en tous sens** (m. pl.; litt.): *dans tous les sens.* | 12 **régler son compte à qn** (loc.): mit jdm. abrechnen, jdn. töten. | **le nuisible:** Schädling. | **dévorer qn/qc:** jdn./etwas verschlingen. | 13 **sur son passage:** *sur son chemin.* | 14 f. **éloigner qn/qc:** jdn./etwas fernhalten. | 17 **chouchouter qn** (fam.): jdn. verhätscheln (*le chouchou / la chouchoute*, fam.: Liebling). | 19 **habiter qn** (fig.): in jdm. wohnen; jdn. beherrschen.

et quatre rats. Le gros chat blanc de Noisy-le-Grand a croqué moins de souris mais a fait le double de rats. Mais nous n'avions pas le droit de garder nos proies. Il nous fallait les déposer dans une vaste corbeille d'osier. Et le voleur comptait les pertes avec satisfaction. Il savait qu'à chaque rat, mulot, lérot ou gerbille crevés, il serait payé.

Ce jeu nous a un temps amusés. Et puis nous en avons eu assez. Une nuit, nous nous sommes faufilés dehors et nous, les vingt chats, nous nous sommes enfuis dans le désert.

Le lendemain, nous avons rencontré un éleveur de chameaux qui nous a offert un peu de lait gras. Les jours suivants, nous avons escaladé des dunes et encore des dunes, et puis nous avons aperçu une route toute droite. Un camion qui filait vers la mer nous a fait monter dans sa benne.

Chers maîtres, à l'heure où j'écris ces lignes, je suis blotti à l'arrière d'un cargo qui navigue paisiblement vers l'Europe. Je ne sais encore quand je serai rentré à Mareuil-lès-Meaux, mais ce moment ne saurait tarder.

Votre chat volé, mais, à présent, libéré!

1f. **croquer qc/qn:** hier: jdn./etwas töten. | 3 **la proie:** Beutetier, Beute. | 4 **un osier:** Weide. | 5 **la perte:** Verlust; hier: getötetes Tier. | 6 **le lérot:** Gartenschläfer. | **la gerbille:** Rennmaus. | **crever qn/qc** (fam.): *tuer qn/qc.* | 7f. **en avoir assez de qn/qc:** jdn./etwas satthaben. | 8 **se faufiler:** sich durchschlängeln. | 10 **un éleveur / une éleveuse:** Viehzüchter(in). | 10f. **le chameau:** Kamel (*la chamelle:* Kamelstute; *le chamelon:* Kamelfohlen) | 12 **escalader qc:** etwas erklimmen (Subst.: *une escalade*). | 13 **apercevoir qn/qc:** *voir; reconnaître; remarquer qn/qc.* | 14 **filer:** *aller vite.* | **faire faire qc à qn:** ici: *inviter qn à faire qc.* | **le camion à benne:** Kipplaster (*la benne:* Lore; Container). | 15 **être blotti, e:** zusammengerollt sein. | 16 **paisiblement** (adv.): *calmement.* | 18 **qc ne saurait tarder:** etwas müsste bald soweit sein.

Ah oui! Une dernière chose: sur les vingt chats que nous étions, seulement treize ont décidé de prendre le chemin du retour. Les sept autres, d'origine égyptienne, se sont faits à l'idée qu'ils étaient bien là où ils étaient, c'est-à-dire au pays de leurs ancêtres. Pour un peu de sable chaud et une pleine gamelle de lait de chamelle, ils ont donc dit adieu à Champigny-sur-Marne, à Noisy-le-Grand, à Crécy-la-Chapelle …

2 f. **prendre le chemin du retour** (loc.): *rentrer.* | 3 **d'origine** (f.) …: … stämmig. | 3 f. **se faire à l'idée** (f.) **que …:** sich mit dem Gedanken abfinden, dass … | 5 **un/une ancêtre:** Vorfahr(in) (*ancestral, e:* altüberliefert; althergebracht). | 6 **la gamelle:** Futternapf, Fressnapf.

Lettre de Poulbot

2 **le chat de gouttière:** streunende Katze (*la gouttière:* Dachrinne).

Chers maîtres,

Je crois que vous avez oublié quelque chose d'essentiel: le chat est et restera un animal sauvage! Vous avez bien lu: sauvage! Dans la tête et le corps des plus paresseux des matous, voyez-vous, sommeille un tigre, une panthère, un lion. Il suffit de presque rien, parfois d'une seule mouche qui vole dans la pièce, pour que la nature carnassière du tigre, de la panthère ou du lion réveille le chat qui dort. Tout chat est un félin, tout chat est un chasseur solitaire, un insoumis, tout chat possède un lien de famille avec le Roi des Animaux.

C'est pour ça que je suis parti au zoo.

Je suis passé devant les cages aux oiseaux en me léchant le museau. J'ai ignoré les stupides autruches. Je me suis demandé si les pingouins, une fois rôtis, avaient le goût du poulet. Les buffles, je les ai trouvés lents et lourds. Les crocodiles, très fourbes, et les castors, très sales. J'ai été stupéfait par la nage gracieuse d'un hippopotame. Les singes m'ont évidemment fait penser à vous, mes maîtres. Surtout

5 **vois-tu / voyez-vous**: weißt du; wisst ihr; wissen Sie (Einschub). | **sommeiller:** schlummern (Subst.: *le sommeil*). | 6 **il suffit de presque rien pour que ...:** es braucht nur wenig, um ... | 9 **carnassier, -ière:** Fleisch fressend. | **solitaire:** einsam; einzelgängerisch. | 9 f. **un insoumis / une insoumise:** Rebell(in). | 10 **le lien de famille** (ou **le lien de parenté**, f.): Verwandtschaftsverhältnis. | 13 **passer devant qc:** an etwas vorbeigehen/vorbeifahren. | 15 **une fois ...:** *dès que ...* | 16 **lourd, e:** hier: schwerfällig. | 17 **fourbe:** hinterlistig; falsch. | **le castor:** Biber. | 17 f. **être stupéfait, e par qc:** durch etwas verblüfft sein. | 18 **un hippopotame:** Flusspferd, Nilpferd. | 19 **faire penser qn à qc:** jdn. an etwas erinnern

les orangs-outans, parce que vous êtes roux tous les deux et que vous êtes toujours collés l'un à l'autre.

Enfin, je suis arrivé là où je voulais être: devant la plus majestueuse des bêtes, notre oncle à nous tous, les chats: le lion. Il trônait dans sa cage transformée en petit royaume, indifférent aux visiteurs qui le prenaient en photo. Il fermait les yeux quand on essayait d'attirer son attention ou secouait sa crinière comme pour dire NON.

Je me suis faufilé dans sa cage et me suis planté crânement devant lui. Le super fauve m'a regardé, interloqué.

– Ce n'est pourtant pas l'heure du dîner! a-t-il semblé se demander.

– Tiens, c'est pour toi, lui ai-je dit en ouvrant ma patte.

Il y avait dix croquettes au saumon.

– As-tu un nom, lion? lui ai-je ensuite demandé.

– Non. Ici, on m'appelle Lion. Ce n'est que dans les cirques que les lions portent des noms. Mais tu peux m'appeler Roger, si tu veux.

– Pourquoi Roger?

– Parce que c'est le prénom de l'homme qui m'apporte à manger et que je n'en connais pas d'autre. Et toi, comment tu t'appelles?

– Poulbot.

– C'est bizarre. T'es une poule?

6 **prendre qn/qc en photo:** *faire une photo de qn/qc.* | 7 **attirer l'attention de qn:** jds. Aufmerksamkeit auf sich lenken. | 8 **secouer qc:** etwas schütteln. | 9 **se faufiler quelque part:** sich an einen Ort schleichen. | **se planter devant qn/qc** (fam.): sich vor jdm. aufbauen. | 9 f. **crânement** (vx.): kühn, unverfroren. | 10 **interloqué, e:** fassungslos. | 11 **sembler faire qc:** etwas zu tun scheinen. | 13 **Tiens!** (interj.): Schau mal!, Sieh mal!; Da, nimm!

– Non, je suis un chat.

– C'est quoi, un chat? Tu es le premier chat que je vois. À te regarder, je dirais que tu es une sorte de tigre nain … Un tigre blanc avec des grandes oreilles et un nez rosé …

– Oui, c'est un peu ça, et c'est ainsi que je me vois: comme un petit tigre. Mais j'aimerais surtout te ressembler, à toi, Roger. Tu es si fort, si tranquille, si sûr de toi.

– Bof! Je m'ennuie, surtout, et j'en ai marre qu'on me montre du doigt. J'aimerais bien avoir ta vie et pouvoir aller et venir comme je veux. Partir gambader et chasser. L'avantage, quand on est petit comme toi, c'est qu'on est capable de passer entre les barreaux. C'est pour ça qu'il n'y a pas de chats dans les zoos?

– Non. C'est parce qu'on vit avec les humains sans avoir envie de les dévorer.

– Et comment fais-tu pour ne jamais avoir envie de croquer un petit humain bien dodu? Tu n'es pas un prédateur, comme tous les félins?

– Si! Mais, au lieu de ça, je me gave de pâtée et de croquettes. Parfois, j'attrape une souris. Un moineau. Des sauterelles. Mais c'est plus un entraînement qu'autre chose. Ce qui est bien, avec les hommes, c'est qu'on est sûrs de ne

2 f. **à te regarder:** wenn ich dich so anschaue. | 3 **nain, e:** Zwerg… | 7 f. **être sûr(e) de soi:** selbstsicher sein. | 9 **Bof!** (interj.): Na ja!; Ach was! | **en avoir marre de qn/qc** (fam.): von jdm. genug haben / etwas satthaben. | 10 **montrer qn/qc du doigt** (m.): *montrer sur qn/qc avec son doigt.* | 11 **gambader:** herumspringen; herumtollen. | 13 **passer entre qc:** durch etwas durchlaufen. | **le barreau:** (Gitter-)Stab. | 15 **un (être) humain:** Mensch, menschliches Wesen. | 18 **dodu, e:** dick; fleischig; gut genährt. | 20 **se gaver de qc:** sich mit etwas vollstopfen. | 21 f. **la sauterelle:** Grashüpfer, Heuschrecke.

manquer de rien. Cela dit, il m'arrive de les mordre ou de les griffer si je ne suis pas content.

– Poulbot?

– Oui?

– Tu veux rester dîner avec moi?

– Avec plaisir, cher lion.

– Appelle-moi Roger.

– OK, Roger.

C'est comme ça, chers maîtres, que votre chat Poulbot est devenu le meilleur ami de Sa Majesté le Lion. Il me fait l'honneur de partager son énorme bout de viande crue. On parle de tout, de rien. On se moque parfois de tel ou tel humain qui a une tête bizarre. Il me laisse m'accrocher à ses moustaches et c'est ainsi que nous nous faisons photographier. Pour le zoo, en voilà une attraction! Comme je peux aller et venir à ma guise, je rends des petits services à Roger: je lui apporte le journal, qu'il s'amuse à déchirer. Je suis chargé de messages secrets qu'il adresse à des animaux amis qui peuplent le zoo (comme les girafes et les panthères). Pour lui, je vais chiper les biscuits des singes. Un jour, j'ai trouvé une gaufre sur un banc. Le soir, je lui raconte des histoires sur ma vie de chat. C'est-à-dire sur ce que c'est que

1 **qn ne manque de rien:** jdm. mangelt es an nichts. | **cela dit …:** *malgré tout …* | 6 **avec plaisir** (interj.): keine Ursache!; mit Vergnügen!, (aber) gern! | 10 f. **faire l'honneur** (m.) **à qn de faire qc:** jdm. die Ehre erweisen, etwas zu tun. | 11 **cru, e:** roh. | 13 **s'accrocher à qc:** *se tenir à qc.* | 14 **se faire …:** *se laisser …* | 16 **à ma/sa guise** (adv.): wie es mir/ihm/ihr gefällt (*la guise*, vx.: Weise). | **rendre un service à qn:** jdm. einen Gefallen tun. | 18 **être chargé, e de qc:** mit etwas betraut sein. | 19 **peupler qc:** *habiter qc.* | 20 **chiper qc** (fam.): *voler qc.* | **le biscuit:** Keks.

de vivre dans une maison douillette, de manger des sardines en boîte ou d'avoir un coussin à soi, ou encore de partir en voyage, rangé dans un petit sac. Bref, je lui parle de toutes ces choses qu'un lion a du mal à comprendre. Roger m'écoute, incrédule. Enfin, quand le zoo a fermé ses portes et que tout est calme, nous nous endormons l'un contre l'autre, et c'est comme si je me blottissais contre une montagne chaude et qui gronde. Un volcan, quoi.

Chers maîtres, quand j'en aurai assez de la viande crue et marre de dormir sur de la paille, je rentrerai. D'ici là, venez au zoo me voir. Je ferai mine de rugir. J'ai pris des cours, vous savez. Ce n'est pas encore ça, mais je m'améliore.

Affectueusement,
Poulbot

1 **douillet, te:** kuschelig, gemütlich. | 2 **… en boîte:** Dosen-, … aus der Dose. | **un/une … à soi:** ein/eine eigene(s) … | 3 **Bref, …:** Kurzum, … | 4 **avoir du mal à faire qc:** sich mit etwas schwertun. | 5 **incrédule:** fassungslos; ungläubig. | 7 **se blottir contre qn/qc:** sich an jdn./etwas kuscheln. | 8 **gronder:** grollen; donnern; knurren. | **…, quoi!** (fam.): eben …! | 9 **en avoir assez de qn/qc:** jdn./etwas satthaben. | 10 **en avoir marre de faire qc** (fam.): es satthaben, etwas zu tun. | **la paille:** Stroh. | **D'ici là:** Bis dahin. | 11 **faire mine** (f.) **de faire qc:** vorgeben, etwas zu tun. | **rugir:** brüllen. | **prendre des cours** (m. pl.): Unterricht nehmen. | 12 **ce n'est pas encore ça:** das ist noch nicht so toll/perfekt. | 13 **Affectueusement** (à la fin d'une lettre): Herzliche Grüße, Herzlich.

Lettre ouverte du chien très gentil aux habitants de Montmartre

CHIEN PERDU À MONTMARTRE
CE LUNDI 11 DECEMBRE
CHIEN TRES GENTIL AVEC UN COLLIER
MARRON
MERCI D'APPELER AU

À tous les habitants,
À ceux qui me connaissent ou m'ont simplement aperçu dans la rue et à tous les autres.

S'il vous plaît, prenez soin de me lire! Cela est important car je me dois de rétablir une vérité: je ne suis pas un chien perdu mais un chien qui a été abandonné! Surtout, ne vous fiez pas aux affiches qui ont été collées dans le quartier: elles ne sont qu'une vaste opération mensongère organisée par mes traîtres de maîtres!

Je vais vous expliquer ce qui s'est réellement passé.

Une nuit de la semaine dernière, alors que les enfants dormaient, j'ai été réveillé par mes maîtres, ce qui est tout à fait inhabituel. Déjà, j'ai trouvé ça louche. Ils m'ont accroché ma laisse comme si c'était l'heure de la promenade. Je me suis mis sur mes pattes, mais il fallait que je ne fasse aucun bruit.

On est descendus à pas de loup dans la rue. On m'a fait

2 **apercevoir qn/qc:** *voir; reconnaître; remarquer qn/qc.* | 4 **prendre soin** (m.) **de faire qc:** *penser à faire qc.* | 5 **se devoir de faire qc:** es als seine Pflicht ansehen, etwas zu tun. | **rétablir qc:** etwas wieder herstellen. | 6 **abandonner qn/qc:** jdn./etwas verlassen/aussetzen. | 6 f. **se fier à qn/qc:** sich auf jdn./etwas verlassen; jdm./etwas vertrauen. | 7 **une affiche:** Aushang; Plakat. | 8 **vaste:** weit; ausgedehnt. | **une opération mensongère:** Lügenkampagne (Subst.: *le mensonge*). | 9 **le traître / la traitresse:** Verräter(in). | 11 **alors que:** *pendant que.* | 13 **inhabituel, le:** ungewöhnlich; ungewohnt (Subst.: *une habitude*). | **louche:** *bizarre, suspect.* | 13 f. **accrocher qc à qn/qc:** etwas an jdm./etwas festmachen. | 17 **à pas de loup** (fig.): auf leisen Sohlen. | 17 f. **faire faire qc à qn:** *forcer qn à faire qc.*

monter dans la voiture et on est partis. C'est mon maître qui conduisait. On a roulé assez longtemps. On est sortis de la ville. On a traversé une banlieue qui était noire de nuit. Décidément, c'était louche. Enfin, on s'est arrêtés au bord d'une route au milieu de nulle part. Je n'étais pas rassuré quand il m'a fallu descendre de la voiture. Les paroles apaisantes de mes maîtres m'ont paru fausses. On m'a attrapé par le collier et on m'a entraîné vers un petit bois sombre. Pendant qu'ils m'ordonnaient de rester calme, ils nouaient ma laisse autour d'un arbre. Quand ils se sont assurés que j'étais bien attaché, ils m'ont laissé. J'ai pensé aux enfants qui, eux, dormaient paisiblement dans leur petit lit. Ces jeunes insouciants bercés de doux rêves, s'ils savaient!

Me retrouvant prisonnier, j'ai commencé à aboyer. À hurler. Rien n'y a fait. J'ai vu mes maîtres repartir comme ils étaient venus. Ils sont remontés dans leur voiture et ont démarré sans me regarder. J'ai vu au loin les deux feux arrière s'éloigner et disparaître au premier virage. J'ai continué

3f. **de nuit** (f.): bei Nacht, nachts. | 4 **décidément** (adv.): definitiv. | 5 **au milieu de nulle part:** mitten im Nirgendwo. | 6 **être rassuré, e:** beruhigt sein. | 7 **apaisant, e:** beruhigend; beschwichtigend. | 8 **attraper qn/qc:** hier: jdn./etwas packen. | **entraîner qn/qc vers qc:** *emmener qn/qc vers qc.* | 10 **nouer qc:** *faire un nœud avec qc.* | 10 f. **s'assurer de qc:** *vérifier qc.* | 11 **attacher qn/qc:** jdn./etwas festmachen/anbinden. | 12 **paisiblement** (adv.): *calmement.* | 13 **un insouciant / une insouciante:** sorgloser Mensch. | **bercé, e de:** hier (fig.): erfüllt/beseelt von (*bercer:* wiegen, schaukeln). | **doux, douce:** sanft; süß. | 15 **se retrouver …:** sich (als) … (wieder)finden. | 16 **hurler:** brüllen; hier: heulen, jaulen. | **Rien n'y a fait:** *Rien n'a aidé.* | 18 **le feux arrière:** Rücklicht (*le feu avant:* Scheinwerfer). | 19 **disparaître:** verschwinden. | **continuer de faire qc:** *ne pas arrêter de faire qc.*

d'aboyer et de hurler jusqu'à en perdre le souffle. À bout de forces, je me suis roulé en boule entre deux racines.

Puis le jour s'est levé. J'étais toujours ligoté à l'arbre, que j'avais commencé à ronger. J'ai entendu soudain quelqu'un marcher sur les feuilles mortes. C'était un promeneur matinal. Quand j'ai hurlé à la mort, il s'est avancé vers moi. «Pourquoi t'es ici, toi?» m'a-t-il demandé avant de me détacher. Quand il a voulu me caresser pour me calmer, j'ai détalé aussi vite que je pouvais. Ma laisse flottait derrière moi comme une écharpe.

Il est connu que les canidés possèdent un sens de l'orientation infaillible. Vous savez, les histoires que l'on raconte sur ces chiens qui ont parcouru des centaines de kilomètres pour rentrer chez eux. Elles sont vraies! Comme ces bêtes abandonnées mais obstinées, j'ai refait la route à l'envers. Cette route de malheur allait me ramener à la maison.

Attention, mes maîtres, mon retour est proche! Préparez-vous à ma vengeance! Foi d'animal!

Signé: Moi, chien très gentil, oui, mais qui sait aussi montrer les dents!

1 **jusqu'à en perdre le souffle** (loc.): bis einem die Puste ausgeht (*le souffle:* Atem; Atmung). | 1 f. **à bout de forces** (f.) (adv.): kraftlos, ausgebrannt. | 2 **se rouler en boule** (f.): sich zusammenrollen. | 3 **se lever:** hier: aufgehen, anbrechen. | **être ligoté, e à qc:** an etwas gefesselt sein. | 5 f. **matinal, e:** *du matin.* | 6 °**hurler à la mort:** jaulen. | **s'avancer vers qn/qc:** auf jdn./etwas zugehen. | 8 **détacher qn:** *libérer qn.* | 9 **détaler** (fam.): sich aus dem Staub machen. | **flotter:** schwimmen; hier: flattern. | 11 **les canidés:** (Familie der) Hunde. | 12 **infaillible:** untrüglich, unfehlbar. | 13 **parcourir qc:** etwas zurücklegen. | 14 **rentrer chez soi:** *rentrer à la maison.* | 15 **être obstiné, e:** stur/eigensinnig sein. | 18 **la vengeance:** Rache. | **Foi de …!:** …-Ehrenwort!

Lettre du chat bien portant (6 kg)

AVIS DE RECHERCHE

Je recherche mon chat perdu depuis 16 Juin 2017.

Chat gris avec des yeux vert, de 5 ans bien portant (6kg)

Mon chat n'est pas farouche, si vous l'avez vu ou si vous savez ou il pourrait être, merci de me contacter

éventuellement le ramener au **collège de Staël.**

1 **un avis de recherche** (f.): Such-/Vermisstenanzeige; Fahndung. |
3f. **être bien portant, e:** wohlauf, bei guter Gesundheit sein. |
5 **farouche:** wild; scheu; ängstlich.

Chers enfants du collège de Staël,

Ce petit mot pour vous dire que j'ai décidé de quitter l'école afin de rejoindre la communauté des chats travailleurs qui squattent le square de l'Étoile.

Les chats travailleurs, oui! Vous avez bien lu, les enfants!

Figurez-vous qu'ils ont une vie que bien des travailleurs humains leur envieraient: ils se lèvent un peu plus tard que les autres travailleurs du monde entier. Disons, vers 9 heures à la saison chaude et 10 heures à la saison froide. Ils ont une belle cabane rien que pour eux. Gratuite. Toutes les mémés du quartier leur offrent à manger. Ils se désaltèrent à la fontaine (également gratuite) que la ville a installée rien que pour eux. Ensuite, ce petit groupe de chats travailleurs part travailler pour la journée. Et ils reviennent «les poches pleines».

Vous tombez à la renverse?

Je vais vous expliquer comment tout ça a commencé.

De l'autre côté du square de l'Étoile, un immeuble de

3 **rejoindre qn/qc:** sich jdm./etwas anschließen. | 4 **squatter qc:** vorübergehend irgendwo wohnen; etwas besetzen. | **le square:** kleine Grünanlage inmitten eines Platzes. | 7 **se figurer qc:** sich etwas vorstellen. | 8 **envier qc à qn:** jdn. um etwas beneiden. | 9 **Disons …:** Sagen wir mal … | 11 **la cabane:** Hütte. | 12 **la mémé** (fam.): *la mamie, la grand-mère.* | **se désaltérer:** seinen Durst stillen. | 13 f. **rien que pour qn:** *uniquement pour qn.* | 15 f. **les poches** (f. pl.) **pleines** (d'argent, m.): die Taschen voller Geld. | 17 **Vous tombez à la renverse?** etwa: Ihnen fehlen die Worte? (*tomber à la renverse:* hintenüberfallen).

verre est le siège d'une entreprise spécialisée dans l'édition scolaire. Ce ne sont que des bureaux, avec de grandes fenêtres, des plantes vertes et de la moquette épaisse. Il se trouve que la directrice de cette entreprise aime tellement les chats qu'elle passait le plus clair de son temps à espionner à la jumelle les chats errants qui, à cette période-là, ne travaillaient pas encore.

– Ces pauvres bêtes, soupirait-elle. Quel gâchis!

Un matin, n'y tenant plus, elle arrêta sa grosse voiture devant le square et alla trouver les chats.

– Je ne viens pas pour vous donner à manger, annonça-t-elle aux chats qui s'étaient rassemblés autour d'elle. J'ai mieux pour vous: du travail bien payé!

Les chats, d'abord incrédules, orientèrent leurs oreilles dans la bonne direction.

– Qui, parmi vous, sait lire? demanda madame la directrice.

Aucun chat ne répondit.

– Et qui sait compter?

Personne ne savait compter.

1f. **une entreprise spécialisée dans l'édition** (f.) **scolaire:** ein auf Schulbücher spezialisiertes Unternehmen. | 3 **la moquette:** Teppichboden. | 3f. **il se trouve que ...:** nun ist es (aber) so, dass ... | 4 **le directeur / la directrice:** hier: Geschäftsführer(in) | 5 **passer le plus clair de son temps à faire qc** (loc.): den größten Teil seiner Zeit damit verbringen, etwas zu tun. | 5f. **espionner qn/qc:** jdm./etwas hinterherspionieren. | 6 **les jumelles** (f. pl.): Fernglas. | **errant, e:** streunend. | 8 **soupirer:** seufzen. | **Quel gâchis!** (interj.): Was für eine Verschwendung! (Subst.: *le gâchis*). | 9 **n'y plus tenir** (litt.): es nicht mehr aushalten. | **arrêter qc:** hier: etwas anhalten. | 10 **aller trouver qn/qc**: jdn. besuchen gehen. | 11f. **annoncer qc à qn:** jdm. etwas verkünden. | 12 **se rassembler autour de qn:** sich um jdn. versammeln. | 14 **incrédule:** fassungslos; ungläubig.

Obstinée, la directrice continua:

– Et qui saurait faire des photocopies?

Et là, surprise! Quatre ou cinq pattes se levèrent.

– C'est bon, je vous engage dans ma société! s'exclama joyeusement la directrice. Je vous attends demain à 9 heures dans mon bureau!

– Il faudra porter une cravate? demanda avec inquiétude un gros matou tout débraillé.

– Seulement pour les réunions! répondit la directrice. Je vous en prêterai une si vous n'en avez pas.

Bien sûr, les chats errants n'en avaient pas.

Voilà comment a démarré cette petite communauté de chats travailleurs. Vous n'en avez jamais entendu parler? Moi non plus avant que je rencontre un de ces chats lors d'une promenade dans le quartier.

– Eh toi! Au lieu de ne rien faire, tu veux un job bien payé? Viens ici, on recrute! m'a-t-il lancé.

– OK, j'ai répondu. J'adorerais avoir plein d'argent!

– Tu sais faire des photocopies?

– Euh, non!

– T'inquiète! Il existe des formations de photocopiste pour nous, les chats errants!

J'ai fait une formation. J'ai rencontré madame la directrice. Elle a ouvert un tiroir dans lequel il y avait plein de cravates en me disant que c'était juste pour les réunions. J'en ai choisi une rouge (avec des rayures vertes). Assez chic. Je vous enverrai une photo de moi avec la cravate,

1 **obstiné, e:** stur/eigensinnig. | 4 **s'exclamer:** ausrufen. | 8 **débraillé, e:** unordentlich/schlampig gekleidet. | 17 **recruter qn:** jdn. einstellen. | **lancer qc à qn:** ici: *dire qc à qn énergiquement.* | 21 **T'inquiète!** (interj.): Mach dir keine Sorgen! | 26 **la rayure:** Streifen. | **assez** hier: ziemlich.

prise avec mon équipe de chats photocopistes. Genre photo d'entreprise. On pose tous devant les machines à copier. On essaie de faire des «griffes levées», comme il y a des «pouces levés»!

J'ai un badge (avec ma photo) qui me permet d'utiliser les ascenseurs à ma guise et de me gaver à la cantine! Je le porte crânement autour du cou.

Après ces premières semaines de bureau, je peux vous dire que les photocopieuses n'ont plus aucun secret pour moi. Je maîtrise à fond les impressions recto et recto/verso. Je sais passer du A3 au A4. La couleur? Fastoche! J'appuie sur les bons boutons. Je ferme le capot avec attention. C'est moi qui recharge le papier quand il n'y en a plus. Tous les vendredis, la semaine finie, je passe dans le bureau de madame la directrice pour me faire remettre une enveloppe remplie de vrais billets de 20 euros bien repassés.

Qu'est-ce que vous dites de ça, les enfants?

C'est avec cette même enveloppe que je me rends à la galerie marchande. J'emmène avec moi deux collègues

1 **genre ...:** in etwa wie ... | 5 **le badge:** Firmenausweis; Firmenzugangskarte. | 6 **à ma/sa guise** (adv.): wie es mir/ihm/ihr gefällt (*la guise*, vx.: Weise). | **se gaver de qc:** sich mit etwas vollstopfen. | 7 **crânement** (adv.; vx.): kühn, unverfroren. | 10 **maîtriser qc:** etwas beherrschen, meistern. | **une impression:** Druck; Drucken. | **recto/verso:** beidseitig (*le [côté] recto/verso:* Vorder-/Rückseite [eines Blattes]). | 11 **passer de ... à ...:** von ... auf ... umstellen. | **Fastoche!** (interj.): Total easy! | 12 **le capot:** Haube; Klappe; Abdeckung. | **avec attention** (f.): aufmerksam; sorgfältig (Subst.: *une attention*). | 13 **recharger qc:** etwas aufladen; hier: etwas nachfüllen. | 14 **passer:** hier: vorbeigehen. | 15 **se faire ...:** *se laisser ...* | **remettre qc à qn:** jdm. etwas aushändigen. | 18 f. **se rendre quelque part:** *aller quelque part.* | 19 **la galerie marchande:** Einkaufspassage.

chats, car il faut être au moins trois pour pousser un caddie. Nous achetons essentiellement des boîtes pour chat grand luxe (avec des écritures dorées dessus), des morceaux de fromage frais et des filets de poisson. Et puis des yaourts! Beaucoup de yaourts! C'est chargés comme des baudets que nous regagnons notre square.

S'il nous reste de l'argent, nous nous rendons au Panoramic Bar de l'hôtel 4**** qui se situe au 34e et dernier étage du bâtiment.

– Qu'on est bien, ici! se dit-on confortablement enfoncés dans les larges fauteuils en cuir de cet établissement de classe internationale. Nous commandons ensuite des laits aromatisés que nous buvons à la paille. Avec des chips à la crevette. Quant aux petits parasols en papier qui ornent nos cocktails, ils finissent en bouillie sous nos canines!

Par les larges baies vitrées du bar panoramique, nous apercevons notre square chéri, qui, de si haut, n'apparaît pas plus grand qu'un timbre vert. Les touristes présents font des selfies avec nous. La photo d'un chat cravaté dans les bras d'une Japonaise a été, pendant une semaine, l'image la plus vue au monde! Vive Instagram!

1 **le caddie:** Einkaufswagen. | 2 **la boîte pour chat:** hier: Dosenfutter für Katzen. | 5 **être chargé, e comme un baudet** (loc.): wie ein Packesel beladen sein. | 6 **regagner qc:** *retourner dans qc/quelque part.* | 8 **se situer quelque part:** *être quelque part.* | 10 f. **être enfoncé, e dans qc:** in etwas versunken sein. | 13 **la paille:** Stroh; Strohhalm, Trinkhalm. | 14 **la crevette:** Garnele, Krabbe. | **le parasol:** Sonnenschirm. | **orner qc:** etwas verzieren. | 15 **la bouillie:** Brei. | **la canine:** Eckzahn; Reißzahn. | 16 **la baie vitrée:** Glaswand; großes Glasfenster. | 17 **apparaître:** *se présenter, se montrer.*

La vie est pleine de surprises: désormais, vous penserez à moi chaque fois que vous ferez une photocopie!

Signé: le chat bien portant

1 **désormais** (adv.): *à partir de maintenant.*

Lettre d'Isis

3 **baguer** (un animal): beringen. | 4 **se réfugier chez qn:** sich zu jdm. flüchten; hier: jdm. zufliegen. | 5 **SVP:** korrekt: *s'il vous plaît.* | **joindre qn:** jdn. erreichen; ici: *appeler qn.*

Très cher propriétaire,

C'est dans l'oisellerie où tu m'as achetée qu'un mainate, assez bavard, m'a raconté cette étonnante histoire. Il est vrai que les oiseaux sont de si beaux parleurs qu'on ne se lasse pas de les écouter. Mais l'histoire était si fantastique que je me suis demandé si ce n'était pas encore une de ces «légendes urbaines» qui circulent sur Internet.

Selon le mainate, un drôle d'événement se serait passé, il y a quelques années, dans la zone de fret d'un aéroport international près de Paris. Un conteneur, venu d'un pays lointain, se serait brisé sur le sol, libérant tous les oiseaux exotiques qu'il renfermait … Des canaris, des mandarins, des perruches ondulées, des perroquets, des inséparables et des kakarikis se seraient alors retrouvés à l'air libre sous les yeux éplorés du marchand d'oiseaux, qui se voyait ruiné! Bien sûr, même abrutis par leur long voyage, ils ne se seraient pas fait prier pour gagner les airs. N'étaient-ils pas

2 **le mainate:** Beo. | 3 **bavard, e:** redselig; geschwätzig. | 4 **se lasser de faire qc:** einer Sache überdrüssig werden. | 5 **fantastique:** hier: unglaublich. | 7 **circuler quelque part:** hier: irgendwo kursieren. | 9 **la zone de fret:** Frachtbereich (*le fret:* Fracht). | 10 **le conteneur:** Container. | 11 **se briser:** *se casser.* | 12 **renfermer qc:** *contenir qc.* | **le (diamant) mandarin:** Zebrafink. | 13 **la perruche ondulée:** Wellensittich. | **les inséparables:** Unzertrennliche (Gattung von afrik. Papageien). | 14 **le kakariki** (ou **la perruche de Sparrman**): Ziegensittich. | **se retrouver quelque part:** sich irgendwo wiederfinden. | **à l'air** (m.) **libre:** im Freien. | 15 **éploré, e:** untröstlich, traurig; verweint. | 16 **être abruti, e par qc:** von etwas benommen sein. | 16 f. **ne pas se faire prier:** sich nicht lange bitten lassen, nicht lange zögern. | 17 **gagner qc:** ici: *aller quelque part*

dans un aéroport, après tout? Ils auraient alors zigzagué un temps au milieu des avions, puis, ne sachant où aller, ces beaux oiseaux bariolés auraient colonisé un petit bois tout près de l'aéroport, entouré de champs de colza. Ne trouvant pas l'endroit trop hostile, ils seraient restés là et auraient même fondé des familles d'oisillons exotiques nés sur le sol français.

Autant te dire, cher propriétaire, que je suis d'abord restée incrédule. Comment ces précieux oiseaux auraient-ils pu demeurer dans un petit bois froid du nord de l'Europe?

– Qu'ont-ils fait quand l'hiver est arrivé? Sont-ils tombés malades? ai-je demandé au mainate. Ce sont, tout comme nous, des oiseaux exotiques habitués aux climats doux. Pour ma part, je ne me verrais pas passer un hiver entier dehors!

– Au début, c'est vrai qu'ils ont eu froid. Pour rester en bonne santé, ils ont eu l'idée de se gaver de graines grasses, et puis, avec le temps, ils ont fini par s'acclimater, m'a répondu le mainate avec assurance. Le ciel de Paris est bien peuplé de perruches! Tous les passants les entendent chanter au-dessus des boulevards! Cela signifie qu'elles se portent

1 **zigzaguer:** im Zickzack gehen/fahren/fliegen. | 3 **bariolé, e:** bunt(scheckig). | 4 **le colza:** Raps. | 5 **hostile:** feindlich; feindselig; hier: gefährlich. | 8 **autant te / vous dire que …:** kurz, … | 9 **incrédule:** fassungslos; ungläubig. | 10 **demeurer quelque part:** *habiter/rester quelque part.* | 11 f. **tomber malade:** erkranken, krank werden. | 12 f. **tout comme …:** genau wie … | 13 **être habitué, e à qc:** etwas gewohnt sein. | 14 **pour ma part** (f.): ich für meinen Teil, was mich angeht. | **ne pas se voir faire qc:** *ne pas s'imaginer faire qc.* | 17 **se gaver de qc:** sich mit etwas vollstopfen. | 18 **s'acclimater:** sich eingewöhnen. | 19 **avec assurance** (f.): forsch; selbstsicher. | 19 f. **être peuplé, é de …:** voller … sein. | 21 f. **bien se porter:** wohlauf / bei guter Gesundheit sein.

bien, et même très bien! Si tu veux mon avis, je pense qu'il vaut mieux se geler un peu les plumes et être en liberté plutôt que prendre la poussière dans une cage chauffée. Moi, à la première occasion de m'envoler, je file les retrouver!

Longtemps, cette sorte de conte m'a trotté dans la tête. Je voulais le croire vrai. Sur mon perchoir, j'imaginais ces tribus d'oiseaux jaunes, bleus, verts, au bec droit, au bec crochu, parlant dix langues, chantant dans ce petit bois gris devenu paradis tropical. Alors, n'y tenant plus, j'ai attendu que tu laisses la fenêtre ouverte pour aller vérifier de mes propres yeux si ce que racontait le mainate n'était pas une fable issue de son imagination.

J'ai donc volé vers le nord. J'ai survolé la grande ville jusqu'à l'aéroport international, puis j'ai aperçu les champs de colza avec, au milieu, un petit bois. Si le mainate disait vrai, cela ne pouvait être que celui-là …

Je suis sûre que, toi aussi, cher propriétaire, tu veux connaître le fin mot de cette histoire!

Eh bien, dans ce petit bois, oui, ça causait, ça jasait, ça

2 **il vaut mieux faire qc:** *c'est mieux de faire qc.* | **se geler qc:** sich etwas abfrieren. | 3 **prendre la poussière:** verstauben. | **chauffer qc:** hier: etwas heizen. | 4 **s'envoler:** davonfliegen. | **filer** (fam.): *partir; aller vite.* | 4 f. **retrouver qn:** ici: *aller chez qn.* | 6 **trotter dans la tête de qn** (fam.): jdm. nicht aus dem Sinn gehen (*trotter:* traben). | 8 f. **crochu, e:** hakenförmig, krumm. | 10 **n'y plus tenir** (litt.): es nicht mehr aushalten. | 13 **être issu, e de qc:** *venir de qc.* | 14 **survoler qc:** etwas überfliegen, über etwas fliegen (Subst.: *le survol*). | 15 **apercevoir qn/qc:** *voir; reconnaître; remarquer qn/qc.* | 16 f. **dire vrai:** *dire la vérité.* | 20 **le fin mot de l'histoire:** das Ende der Geschichte; des Rätsels Lösung. | 21 **causer** (fam.): sprechen, plaudern, plappern. | **jaser**: schwatzen, schnattern.

parlait. Des formes multicolores fusaient de branche en branche. De longues plumes dorées dépassaient des châtaigniers. Un bec courbé m'a salué en claquant. Les canaris, les mandarins, les perruches ondulées, les perroquets, les inséparables et les kakarikis étaient bien là! Soudain, quelqu'un m'a tapé sur l'épaule. J'ai reconnu l'aile noire du mainate.

– Marre de prendre la poussière, perroquet? m'a-t-il soufflé.

J'ai répondu oui.

Cher maître, cela fait trois jours qu'un couple d'inséparables très sympathiques venus du sud de l'Afrique m'a offert l'hospitalité. Ils nichent tout en haut d'un noisetier sur lequel on se sent bien. De là-haut, on a une vue magnifique sur les champs de colza qui sont d'un jaune intense. Si on porte le regard un peu plus loin, il est possible d'apercevoir les hangars de l'aéroport international. L'autre soir, je me suis demandé combien d'oiseaux du bout du monde, de poissons des mers chaudes, d'animaux rares destinés aux zoos, de serpents et de lézards des tropiques, combien de tortues, d'insectes de collection étaient arrivés là, dans le

1 **fuser:** aufsteigen, sich erheben. | 2 **dépasser de qc:** aus etwas herausragen. | 2 f. **le châtaignier:** Kastanienbaum. | 3 **courbé, e:** krumm; gebogen; gekrümmt. | **claquer:** klappern. | 6 **taper sur qc:** hier: auf etwas klopfen. | 8 **en avoir marre de faire qc** (fam.): es satthaben, etwas zu tun. | 9 **souffler qc à qn:** *dire qc à qn à voix basse.* | 12 f. **offrir l'hospitalité** (f.) **à qn:** jdn. bei sich aufnehmen (*une hospitalité:* Gastfreundschaft). | 13 **le noisetier:** Hasel(nuss)strauch. | 16 **porter le regard quelque part:** *regarder quelque part.* | **apercevoir qn/qc:** *voir/reconnaître/remarquer qn/qc.* | 17 **l'autre soir:** *l'un de ces derniers soirs.* | 19 **être destiné, e à qc:** für etwas bestimmt sein. | 20 **le lézard:** Eidechse.

ventre d'un avion-cargo. Cette question sans réponse m'a rendue mélancolique.

Affectueusement,

Isis

1 **un avion-cargo:** Frachtflugzeug. | 3 **Affectueusement** (à la fin d'une lettre): Herzliche Grüße, Herzlich.

Lettre de Nouille

4 **joindre qn:** jdn. erreichen; hier: jdn. anrufen. | 7 **d'avance** (adv.): im Voraus.

Cher Stéphane,

Nouille je m'appelle, nouille je suis et nouille est la situation!

Non, je ne me suis pas enfuie! Non, je n'ai pas disparu et suis près de toi, si près que tu ne me vois pas! Retourne-toi. Tu chauffes! De l'autre côté, c'est froid! Je suis enfermée là, dans la buanderie. Enfermée, oui! Si tu savais comme je me sens nouille! Je suis une nouille prisonnière d'une machine à laver!

Cela fait trois jours que me voilà roulée en boule au milieu de tes affaires sales! Et cela fait trois jours que je gratte au hublot, mais tu ne m'entends pas! C'est vrai que tu écoutes de la musique tout le temps, et une machine à laver avec du linge dedans, ça a l'air drôlement insonorisé! C'est comme si le coton absorbait les bruits aussi bien qu'il se gorge d'eau. Et le hublot est à la hauteur de tes genoux, tu ne peux donc pas me voir non plus. C'est ballot! Ballot comme un ballot de linge sale!

2 **être (une) nouille** (fam.): ein Tollpatsch sein (*la nouille:* Nudel). | **être nouille** (fam.): hier: doof sein. | 4 **disparaître:** verschwinden. | 6 **Tu chauffes!** (interj.): Warm! / Du bist nah dran! | 7 **la buanderie:** Waschküche. | 10 **me voilà ...:** jetzt bin ich ... | **se rouler / se mettre en boule:** sich zusammenrollen (*la boule:* Kugel). | 11 **cela fait ... jours:** *depuis ... jours.* | **gratter à qc:** an etwas (herum)kratzen. | 12 **le °hublot:** Bullauge; Luke; kleines rundes Fenster. | 14 **drôlement** (adv.; fam.): *très.* | **insonorisé, e:** schalldicht, schallisoliert. | 15 f. **se gorger de qc:** sich mit etwas vollsaugen. | 17 **C'est ballot!** (interj.): *C'est bête!* (*le ballot,* vx.; fam.: Dummkopf, Esel). | **le ballot:** ici: *le paquet.*

Si je suis Nouille, tu l'es aussi! Tu n'as pas réalisé que je m'étais installée dans le tambour de la machine! J'étais là, pourtant! Juste derrière ton jean. Il est vrai que je m'étais mise à mon aise et que je dormais d'un sommeil profond. Je me sentais à l'abri au milieu de tes habits, un peu comme quand je m'installe dans ta penderie. Tu as jeté un tee-shirt sur ma tête, jusque-là tout allait bien. Et puis, comme un nigaud, tu as refermé le hublot.

Bon, je pense que ça va s'arranger, même si je commence à trouver le temps long. La machine est à moitié pleine et arrivera le moment (ce soir? demain?) où tu ajouteras un dernier truc à laver. J'imagine ma libération: au moment où tu ouvriras le hublot, tu verras une forme jaillir hors de la machine et tu seras bien éberlué (et heureux de me retrouver). À moins que tu ne me prennes pour un rat venu des égouts!

Remarque, pour un chat, l'endroit est incongru mais pas inconfortable. Le linge est doux. On est au mois d'août, et il fait chaud. Bon, ça manque un peu d'air frais et je commence à avoir vraiment faim. Mais j'aime bien l'odeur de

2 **le tambour:** Trommel. | 3 **juste ...** (adv.): ici: *directement ...* | 4 **se mettre à son aise:** *s'installer confortablement* (*une aise:* Bequemlichkeit; Wohlbehagen). | 5 **se sentir à l'abri:** sich sicher fühlen (*un abri:* Schutz; Unterschlupf). | 6 **la penderie:** Wandschrank; Garderobe. | 7 **Tout allait bien:** hier: Alles war ok. | 8 **le nigaud / la nigaude** (vx.): Dummkopf, Dummerchen. | 9 **s'arranger:** sich wieder einrenken. | 11 **ajouter qc:** hier: etwas dazulegen. | 12 **le truc** (fam.): *la chose.* | 13 **jaillir hors de qc:** aus etwas herausschießen. | 14 **être éberlué, e:** perplex/verblüfft/verdutzt sein. | 15 **à moins que ...:** *sauf si ...* | **prendre qn/qc pour qn/qc:** jdn./etwas mit jdm./etwas verwechseln. | 16 **les égouts** (m. pl.): Kanalisation; Kanalisationsnetz. | 17 **Remarque ...:** Nebenbei bemerkt ... | **être incongru, e:** unpassend/unangebracht sein.

tes chaussettes sales ! C'est animal, cette odeur, et je suis un animal !

Mais admets que c'est idiot ! Tu me cherches partout dans Paris mais je suis ici, chez toi. Au 146, boulevard de Magenta. Troisième étage, bâtiment sur rue.

Heureusement, aucune lessive n'a pour le moment été lancée, et je ne ressemble pas encore à un chat mouillé qu'on aurait essoré ! S'il te plaît, Stéphane, ajoute une dernière chose à laver ! Un slip, une taie d'oreiller, un pantalon, un torchon. Une tache, c'est vite arrivé.

Fais comme tu veux, mais viens bientôt me libérer !

Signé : ta Nouille super nouille

1 **animal, e:** animalisch; tierisch. | 3 **admettre qc:** *avouer qc.* | 5 **(donner) sur rue** (f.): zur Straße hin (liegen). | 6 **la lessive:** hier: Waschgang. | 6 f. **lancer qc:** hier: etwas starten. | 8 **essorer qc:** etwas schleudern; etwas auswringen. | 9 **la taie d'oreiller** (m.): Kissenbezug. | 10 **le torchon:** Geschirrtuch; Lappen.

Lettre de Neika

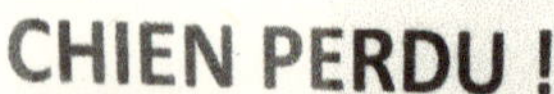

Bonjour, notre chienne **NEIKA** un cane corso **de 1** an à fuguer avec sa laisse **le matin 16/10/2018**

C'est une chienne peureuse mais absolument pas méchante.

Nous y tenons beaucoup elle est pucée, si vous la voyez ou si vous l'avez récupéré merci de nous contacter

2 **le cane corso:** Cane Corso Italiano (italienische Hunderasse). | 3 **à fuguer:** korrekt: *a fugué* (*fuguer*, fam.: ausreißen, ausbüchsen). | 6 **tenir à qn/qc:** an jdm./etwas hängen. | 7 **si vous l'avez récupéré:** korrekt: *si vous l'avez récupérée* (*récupérer qn*, fam.: jdn. abholen; hier [fam.]: jdn. bei sich aufnehmen).

Chers maîtres, j'ai voulu, en guise de consolation, vous écrire ce petit poème (car j'adore faire des rimes):

Comme le loup,
Tout chien aime les vastes territoires.
Alors, tout à coup,
Je suis parti loin pour aller voir
Mes frères du Grand Nord qui sont mes chouchous.
On dit qu'ils peuvent courir toute une journée
En ligne droite sans rencontrer
Ni obstacle ni maison isolée!

J'ai attendu le soir
Pour gagner le port,
Sur le pont d'un cargo, j'ai pu m'asseoir
Et aussi faire le mort.
Sur la mer mauvaise
J'ai frisé le malaise,
Et puis un marin m'a dit:
Le voyage est fini,
La sortie c'est ici!

1 **en guise de qc:** *à la place de qc* (*la guise*, vx.: Weise). | 4 **vaste:** weit; ausgedehnt. | 7 **le Grand Nord:** der hohe Norden. | **le chouchou / la chouchoute** (fam.): Liebling. | 10 **un obstacle:** Hindernis. | 12 **gagner qc:** hier: sich zu etwas aufmachen. | 13 **le cargo:** Frachtschiff, Frachter. | 14 **faire le mort / la morte** (fig.): sich tot stellen. | 15 **mauvais, e:** hier: stürmisch. | 16 **friser qc:** etwas wellen; hier (fig.): einer Sache knapp entgehen. | **le malaise:** Schwächeanfall; Unwohlsein; Not. | 17 **le marin:** Matrose, Seemann.

Sur la banquise soufflait une bise.
Un chien sibérien-husky, qui venait de Venise,
M'a offert des chaussettes.
Tiens, a-t-il dit, avant que tu agonises
En léchant une sucette.
Puis d'une simple caresse
Il a dénoué ma laisse.

Suis-moi! m'a soufflé mon nouveau copain.
Si tu as faim, mange un pingouin.
Car ici, point de lapin ni de pain!

Dans une remise, nous avons trouvé une luge
Qui était celle d'un vieux juge.
Il nous a poursuivis en nous traitant de vauriens, de sagouins!
«Vous deux, je vous retrouverai demain!»

Nous avons glissé vers le pôle,
Mes moustaches, toutes gelées, étaient drôles.

1 **la banquise:** Packeis. | **souffler:** wehen. | **la bise:** kalter Nordwind. | 2 **le chien sibérien-husky** (ou **le husky de Sibérie**): Siberian Husky. | 4 **agoniser:** mit dem Tod ringen; hier etwa: vor Kälte erstarren. | 5 **lécher qc:** etwas lecken; hier: etwas lutschen. | **la sucette:** Lutscher; Schnuller. | 6 **la caresse:** hier: sanfte Bewegung. | 7 **dénouer qc:** etwas aufknoten, aufbinden. | 8 **souffler qc à qn:** *dire qc à qn à voix basse.* | 10 **point de ... ni de ...** (litt.): weder ... noch ... | 11 **la remise:** Schuppen. | **la luge:** Schlitten. | 13 **poursuivre qn/qc:** jdn./etwas verfolgen. | **traiter qn de ...** (fam.): jdn. als ... beschimpfen. | **le vaurien / la vaurienne:** Taugenichts. | 14 **le sagouin / la sagouine** (fam.): Schmutzfink, Ferkel. | 15 **retrouver qn:** *revoir qn.* | 17 **être gelé, e:** gefroren sein (*le gel:* Frost).

Puis nous nous sommes réchauffé les joues
Dans un igloo tenu par une Hindoue sans le sou.
Me croirez-vous? Elle faisait pousser dans son sous-sol
Chauffé au pétrole
Tout un champ de tournesols.

Dans une forêt de Laponie
J'ai rencontré mon idéal,
Elle était aussi jolie
Qu'une aurore boréale.
Cette femelle malamute d'Alaska
Vers moi a fait trois pas
Alors mon cœur, depuis longtemps enfermé,
D'amour a explosé!

Elle m'a dit: «Regarde, mon joli,
Ceci est mon traîneau.
Si tu veux vivre ici,
Attrape ce lasso
Et passe-le-toi autour du cou,
Je me mettrai à côté.
Le fouet soudain a claqué,

1 **se réchauffer qc:** sich etwas aufwärmen. | 2 **tenir qc:** hier: etwas führen. | **un Hindou / une Hindoue:** Hindu. | **sans le sou** (fam.): *pauvre* (*le sou*, vx.: Sou, alte franz. Geldmünze). | 3 **croire qn:** jdm. glauben. | **faire … qc:** *laisser … qc.* | **le sous-sol:** *la cave* | 4 **chauffer qc:** hier: etwas heizen. | **le pétrole:** Öl; Erdöl. | 5 **le tournesol:** Sonnenblume. | 6 **la Laponie:** Lappland. | 9 **une aurore boréale:** Nordlicht, Polarlicht (*une aurore:* Morgenröte; *boréal, e:* nördlich, Nord…). | 10 **la malamute (de l'Alaska):** Alaskischer Malamute. | 15 **le traîneau:** Schlitten. | 18 **passer qc autour de qc:** etwas um etwas legen. | 19 **se mettre à côté de qn:** sich neben jdn. stellen. | 20 **le fouet:** Peitsche. | **claquer:** klappern; hier: knallen.

Le maître a crié: «À Moscou!»
Il portait un manteau de fourrure
Qui ressemblait à une chevelure
Et une barbe moussue
Qui cachait ses verrues.

On dit que les chiens de traîneau
Ont besoin de se lever tôt
Pour cavaler avec leur maître
Sur des centaines de kilomètres.
Ils ne sont heureux qu'à cette condition,
J'en ai fait la constatation.

La première journée a été dure,
Je souffrais de gerçures,
Mais j'ai tiré sur mes lanières
Si fort et de si belle manière
Que mon maître m'a nommé
Chef de la rangée.

Le grand saumon congelé,
Qu'avec honneur on m'avait donné,
Avec ma fiancée
Je l'ai partagé.

1 **À …!** (interj.): (Auf) Nach …! | 3 **la chevelure:** Haar(e). | 4 **moussu, e:** moosbewachsen, bemoost; hier (fig.): ungepflegt. | 5 **la verrue:** Warze. | 8 **cavaler** (fam.): *courir.* | 11 **faire la constatation de qc:** *observer qc.* | 13 **la gerçure:** Schrunde; Riss. | 14 **la lanière:** Riemen; hier: Zügel. | 15 **la manière:** *la façon.* | 16 **nommer qn …:** jdn. zum/zur … ernennen. | 17 **la rangée:** Reihe, Linie. | 19 **un honneur:** Ehre.

Vous le voyez, dans ce grand pays blanc
On aime les chiens.
Dans les bras on les prend
Quand ils ne vont pas bien.

Inutile donc de vous inquiéter, mes maîtres,
De Moscou, je vous enverrai cette lettre
Avec peut-être une photo
D'adorables petits chiots.
Car, d'ici là,
Ma belle malamute d'Alaska
Aura fait de moi un papa!

Vodka!

Signé: Neika

5 **s'inquiéter:** *se faire du souci.* | 8 **adorable:** reizend, süß, goldig. | 9 **d'ici là** (adv.): bis dahin; inzwischen.

Lettre de Chamane

PERDU
CHAT TOUT NOIR
ADULTE MÂLE
"CHAMANE"

Cher monsieur « Oh, ça ira bien comme ça »,

Franchement, tu aurais pu faire un peu plus d'efforts pour me retrouver ! Tu aurais pu t'appliquer davantage ! Regarde-moi cette pauvre petite affiche de rien du tout ! Pas plus grande qu'une étiquette ! Coupée même pas droit ! Scotchée n'importe comment tout en haut d'un mur gris ! Sans photo ni couleurs qui accrochent l'œil ! Ne comportant presque aucune description se rapportant à moi.

NOIR

ADULTE

MÂLE

C'est tout.

Qu'espères-tu exactement?

Il existe des milliers de chats mâles, tout noirs et adultes comme moi, qui traînent dans la rue. De plus, personne ne sait que je m'appelle Chamane, surtout que ce n'est pas écrit sur mon dos !

Tu aurais pu dire que j'ai les yeux vairons, par exemple (c'est rare). Que j'ai une oreille entaillée. Et une mini-tache

2 **faire des efforts**: sich anstrengen (*un effort:* Anstrengung). | 3 **s'appliquer:** sich Mühe geben. | **davantage** (adv.): *plus.* | 4 **pauvre:** hier: armselig. | **une affiche:** Aushang; Plakat. | **de rien du tout:** unscheinbar. | 5 **scotcher:** mit Klebefilm (an)kleben (*le scotch™:* Markenname). | 6 **n'importe comment:** irgendwie. | 7 **accrocher qc:** hier: etwas anziehen / auf sich ziehen. | **comporter qc:** *contenir qc.* | 7 f. **presque aucun, e …:** *presque pas de …* | 8 **se rapporter à qn/qc:** sich auf jdn./etwas beziehen. | 15 **traîner quelque part** (fam.): irgendwo herumhängen/herumlungern/herumstreunen. | **de plus:** außerdem, des Weiteren. | 18 **vairon, ne:** verschiedenfarbig. | 19 **entailler qc:** etwas einkerben.

blanche sur la patte droite. Que je suis mince. Que mon poil est soyeux. Que je suis beau.

Mais non!
NOIR
ADULTE
MÂLE, point!
Débrouillez-vous avec ça!

Je suis très déçu par ton côté «Oh, ça ira bien comme ça»! À croire qu'au fond de toi tu te fiches qu'on me retrouve!

Alors sache que je ne reviendrai pas de sitôt! Tant pis si tu te dis que je fais mon capricieux. C'est comme ça. Chacun ses défauts!

Chamane

2 **soyeux, -euse:** seidenweich, seidig. | 7 **Débrouillez-vous avec ça!** (interj.): etwa: Sieh zu, wie du damit klarkommst! (*se débrouiller:* zurechtkommen, sich zu helfen wissen; sich durchschlagen). | 8 **être déçu, e:** enttäuscht sein. | 8 f. **À croire que …:** Man könnte fast meinen, dass … | 9 **au fond de soi-même:** im Stillen. | **se ficher de qc** (fam.): auf etwas pfeifen. | 10 **sache que …:** du solltest/musst wissen, dass … | **pas de sitôt:** so bald nicht. | 11 **faire son capricieux / sa capricieuse:** launisch sein.

Editorische Notiz

Der französische Text folgt der Ausgabe: Bruno Gibert, *Pas perdus!*, Paris: l'école des loisirs, 2019.

Das Glossar enthält alle Wörter, die nicht im *Thematischen Grund- und Aufbauwortschatz Französisch* von Wolfgang Fischer und Anne-Marie Le Plouhinec (Stuttgart: Klett, 12. Aufl. 2009) enthalten sind. Dabei wird der Grundwortschatz in der Regel als bekannt vorausgesetzt. Wörter, die dem Aufbauwortschatz zuzurechnen sind, sind zumeist erklärt.

Das Zeichen »°« vor einem Wort, das mit *h* beginnt, bedeutet, dass davor nicht gebunden oder gekürzt werden kann. Beispiele: °hurler: je hurle; °haricot: le haricot.

Im Glossar verwendete französische Abkürzungen

adj. adjectif
adv. adverbe
arg. argot (Gaunersprache)
f. féminin
fam. familier (umgangssprachlich)
fig. sens figuré (übertragene Bedeutung)
ind. indicatif
interj. interjection (Ausruf)
litt. littéraire
loc. locution (Redewendung)
m. masculin
péj. péjoratif (abwertend)
pl. pluriel
pop. populaire (salopp)
qc quelque chose
qn quelqu'un
subst. substantif
vx. vieux (veraltet)

Hunde, Katzen, Vögel: ein kleiner Grundwortschatz

un aboiement: Bellen.
aboyer: bellen.
une aile: Flügel.
une autruche: Straußhahn.
un autruchon: Straußküken.
une autruchonne: Straußhenne.
le bâtard: Promenadenmischung, Mischling(shund).
la bave: Speichel, Geifer.
baver: speicheln, geifern.
le bec: Schnabel.
le cabot (pop.; péj.): Köter.
la cage: Käfig.
le canari: Kanarienvogel.
le caniche: Pudel.
canin, e: Hunde....
le chapon: Kapaun (kastrierter Masthahn).
le chat: Katze (allgemein); Kater.
le chaton: Kätzchen.
la chatte: (weibliche) Katze.
le chien: Hund.
la chienne: Hündin.
le chiot: Welpe.
le collier: Halskette; Halsband.
la colombe: Taube.
le coq: Hahn (f.: *la poule*).
creuser: graben.
la crinière: Mähne.
le croisement: (Rassen-)Kreuzung.
croquer qc/qn: jdn./etwas vernaschen/auffressen.
les croquettes (f. pl.): Trockenfutter, Kroketten.
dévorer qn/qc: jdn./etwas verschlingen.

la dinde: Pute, Truthenne.
le dindon: Puter, Truthahn.
le dindonneau: Baby-Pute.
le fauve: Raubtier.
félin, e: katzenhaft, katzenartig, Katzen...
le félin: Raubkatze.
la femelle: Weibchen (m.: *le mâle*).
femelle: weiblich (Pflanzen und Tiere).
le feulement: das Fauchen.
feuler: fauchen, brüllen.
la fourrure: Pelz.
la gamelle: Futter-/Fressnapf.
la griffe: Kralle.
griffer: kratzen.
une hirondelle: Schwalbe.
le jars: Gänserich (f.: *une oie*).
la laisse: Leine (*tenir en laisse:* an der Leine führen).
laper qc: etwas schlabbern/schlecken.
le lièvre: (Feld-)Hase.
la litière: (Katzen-)Streu.
le loup: Wolf.
la louve: Wölfin.
le louveteau: Wolfswelpe, junger Wolf.
le maître: (bei Tieren) Herrchen.
la maîtresse: (bei Tieren) Frauchen.
le mâle: Männchen (f.: *la femelle*).
mâle: männlich (Pflanzen und Tiere).
le matou: Kater.
le miaulement: das Miauen
miauler: miauen.
le minou (fam.): Mieze(katze).
le moineau: Sperling, Spatz.
la moinelle: Sperlingsweibchen.
le moinet: Sperlingsküken.
mordre: beißen.

les moustaches (f. pl.): Barthaare, Schnurrhaare, Vibrissen.
le museau: Schnauze, Maul.
la niche: Hundehütte.
nicher: nisten.
le nid: Nest.
un œuf: Ei (*pondre un œuf:* ein Ei legen).
une oie: Gans (m.: *le jars*).
un oiseau: Vogel (allgemein); (männlicher) Vogel.
une oiselle: Vogelweibchen.
une oisellerie: Vogelhandel; Vogelzucht.
un oisillon: Jungvogel, Vögelchen.
un oison: Gänseküken.
la pâtée: (Tier-)Futter.
la patte: Bein; Pfote; Pranke, Tatze (*à quatre pattes:* auf allen vieren).
le pelage: Fell.
le perchoir: (Sitz-)Stange (für Vögel).
le perroquet: Papagei.
la perruche: Sittich.
le pigeon: Taube (allgemein); (männliche) Taube, Tauber.
la pigeonne: Täubin.
le pigeonneau: Täubchen.
le plumage: Gefieder, Federkleid.
la plume: Feder; auch: Schreibfeder.
le poil: Körperhaar; Tierhaar; Fell.
la poule: Henne (m.: *le coq*).
le poussin: Küken.
le prédateur: Raubtier.
être pucé, e: gechipt sein (*la puce:* Floh; Chip).
la queue: Schwanz.
renifler qn/qc: an jdm./etwas schnuppern.
ronger qc: an etwas nagen.
le rongeur: Nager, Nagetier.
le ronron (fam.): Schnurren.
ronronner: schnurren.
le terrier: Bau.

le toutou (fam.): Wauwau.
la truffe: Schnauze.
le vétérinaire: Tierarzt.
la vétérinaire: Tierärztin.
la volaille: Geflügel.
le volailler: Geflügelhändler.
la volaillère: Geflügelhändlerin.

Wichtige Redewendungen

Les chiens ne font pas des chats: Der Apfel fällt nicht weit vom Stamm.
C'est du pipi de chat: das ist ziemlich dürftig; das ist das reinste Spülwasser.
avoir une écriture de chat: eine krakelige Handschrift haben.
appeler un chat un chat: das Kind beim (rechten) Namen nennen.
avoir un chat dans la gorge: einen Frosch im Hals haben.
avoir un appétit d'oiseau: ein schlechter Esser sein.
avoir d'autres chats à fouetter: Wichtigeres zu tun haben; andere Sorgen haben.
Chiens aboient, la caravane passe: Die Hunde bellen, (aber) die Karawane zieht weiter.
entre chien et loup: in der Abenddämmerung.
Petit à petit l'oiseau fait son nid: Gut Ding will Weile haben; Steter Tropfen höhlt den Stein.

Lösungstexte

Lösungstext zu Lettre d'Eliot (S. 39)

Chère famille,

Il fallait que je vous dise ce secret. Le voici: j'en avais marre d'être un cabot inculte et je voulais aller à l'école.

Alors, quand vous êtes partis et que j'ai été seul à la maison, je me suis déguisé en humain! C'était facile. Je me suis rendu dans la chambre du fiston et j'ai ouvert la porte du placard avec mon museau. Là, j'ai trouvé des habits qui étaient à ma taille. Une fois prêt, je suis allé me regarder dans le grand miroir de la salle de bain et j'ai imité les gestes que vous faites tout le temps, vous, mes maîtres et surtout le fiston, quand vous marchez sur vos deux pattes de derrière.

Tout était en place! J'avais une casquette qui cachait mes oreilles, une chemisette, un mini jean que j'ai remonté jusqu'en haut (même pas besoin de faire se retrousser le bas) et des baskets.

Quand je faisais le beau devant le miroir, on pouvait se tromper: je ressemblais vraiment à un jeune humain! Vous, mes maîtres, auriez pu dire «Tiens, voilà notre fiston! ». Ça aurait été trop drôle.

C'est donc en toutou habillé façon fiston que je suis descendu dans la rue. Et ça marchait! Personne ne faisait attention à moi. Quelqu'un m'a même demandé l'heure (je me suis dit que j'aurais dû mettre une montre à ma patte). Un enfant, de la même taille que moi, me prenant pour un copain, m'a salué en me proposant d'aller avec lui à l'école. J'ai bien sûr répondu:

– Oh oui! L'école, c'est super bien! Et il m'a regardé bizarrement.

Dans la cour, on nous a fait mettre en rang et il fallait pas qu'on bouge. Quand j'ai bougé, on m'a dit «Hé toi, le nouveau! Fais attention, sinon tu seras collé! »

J'ai compris alors pourquoi on disait l'école. C'est parce que les professeurs mettent de la colle sous les pieds des enfants pour ne pas qu'ils bougent.

En classe, j'ai relevé mes oreilles tombantes pour bien entendre et j'ai tout reniflé pour bien comprendre. J'ai appris des phrases en anglais comme:

I love playing tennis with my friend Nicolas.

et

I eat eggs with ketchup and butter.

En histoire, j'ai appris que le roi de France avait eu la tête coupée en deux par le peuple mécontent parce qu'il n'avait plus de pain à manger. Il ont mis le roi de France dans une grande machine en bois qui coupe les têtes aussi bien que les carottes.

En sciences, j'ai appris que les rivières naissaient bébé dans les montagnes. Puis elles devenaient grosses dans les vallées et qu'elles mouraient en arrivant à la mer. La mer est donc pleine de rivières mortes. C'est dégoutant!

J'ai appris des astuces pour le calcul:

4 + 4 font huître.

3 × 3 pondent un œuf.

10 et 10 boivent du vin.

606 grillent des saucisses.

Après les cours, ils ont été nombreux autour de moi (ils ont vu que je courais plus vite que tout le monde quand je me mettais à 4 pattes).

– Comment tu t'appelles, toi, le nouveau? ils m'ont demandé.

– J'ai répondu Wouf (pour ne pas donner mon vrai prénom)!

Si bien qu'à la récré tout le monde me lançait des:

– Hé! Wouf! Tu viens jouer avec nous?

Ou bien:

– Hé! Wouf! Je pourrai me mettre avec toi à la cantine?

Ou encore:

– Hé! Wouf! T'es petit pour un CM2! T'as sauté des classes? T'es un surdoué?

Et puis, une cloche a sonné. C'était la fin de la journée. Tous les enfants se sont rués dans les escaliers. J'ai choisi cet instant de bazar pour aller me cacher dans un placard à balais.

L'école, je ne voulais pas la quitter.

Je suis resté dans le placard à balais jusqu'au lendemain. À la cantine, j'avais pris du pain et aussi un morceau de steak haché. Le lendemain, j'étais prêt pour une autre journée d'école.

Chère famille, quand votre Eliot reviendra de l'école pour vous retrouver, j'aurai un carnet à vous montrer. Avec des bonnes notes, j'espère. Vous n'aurez plus qu'à le signer. Il faudrait un jour que, comme le fiston, j'ai un cartable ado. Et aussi une trousse avec une voiture de course dessus. C'est mieux qu'un collier et une laisse.

Ah oui, maintenant que je suis plus instruit, je peux vous dire que vous avez fait une faute sur l'affiche: vous avez oublié de mettre un accent sur RECHERCHE. C'est RECHERCHÉ que vous auriez dû écrire (sinon on comprend pas bien) – En plus, c'est un peu la honte!

Signé: Eliot

Lösungstext zu SMS d'India (S. 75)

Salut!
Désolée.
J'ai rencontré un cat hyper sympa et je le kiffe.
Il s'appelle Gruss.
En plus, il est beau gosse.
Il m'a emmenée au parc et on s'est fait des kiss.
Suis in love et tout va bien:)
Sinon, comment ça va? Quoi de neuf?
Sois pas triste.
C'est pas grave si je suis plus là.
Puisque moi, je vais bien.
Te fais pas de souci pour moi.
J'ai besoin de rien.
Et laisse tomber les affiches!
Pourquoi? C'est pas impossible que je revienne asap.
Demain ou après-demain.
Pour le moment, c'est l'aventure avec Gruss et c'est amusant.

Hier, sous un banc du parc, c'était trop bizarre. On a trouvé un truc chelou.
Qu'est-ce que c'est, on s'est dit.
C'était le phone de quelqu'un qui l'avait perdu.
C'est pour ça que je peux te textoter.
Tu peux m'appeler aussi, bien sûr.
À plus!
Je t'aime fort!
INDIA

Literaturhinweise

Werke von Bruno Gibert

Kinder- und Jugendbücher

Il ne faut pas confondre. Albin Michel Jeunesse, 2009.
Le Petit Gibert illustré. Albin Michel Jeunesse, 2010.
L'ABC des onomatopées. Le baron perché, 2012.
Mon ABC des jeux et jouets. Paris-Musées, 2005.
Un alphabet à compter. Saltimbanque Éditions, 2017.
Les zanimos barbouillent. Éditions Lito, 2007.
Le sol de mars et autres photographies. Stock, 2003.
L'histoire du cochon renifleur de sommeil et autres fables. Autrement Jeunesse, 2010.
Baptême de l'air. Actes Sud Junior, 2016.
Tu me lis une histoire? Pas de vaccin pour Olaf. Gautier-Languereau, 2015.
La vie secrète des monstres. Palette, 2005.
Chaque seconde dans le monde. Actes Sud Junior, 2018.
Les Minichats. Albin Michel Jeunesse, 2011.
Une feuille, un arbre. Albin Michel Jeunesse, 2014.
Ce que je peux porter. [Zus. mit Ramona Badescu.]. Albin Michel Jeunesse, 2015.
Tout en rimes. Seuil Jeunesse, 2019.
Ma petite fabrique à histoires. Autrement Jeunesse, 2008.
Pas perdus! École des loisirs, 2019.
Le zoo poétique. Seuil Jeunesse, 2018.
La malheureuse histoire de Madame Lacrotte. Sarbacane, 2020.
Cirque Georges. Casterman, 2001.
Le lapin qui ne disait rien. Sarbacane, 2019.
Une histoire (presque) impossible à raconter. Sarbacane, 2017.
Petit papa prison. Casterman, 2010.
Dimanche. Mila Éditions, 2003.

J'habite en bas du ciel. Syros Jeunesse, 2008.
Petit poisson voit du pays. Autrement Jeunesse, 2008.
Toute une vie en chiffres. Actes Sud Junior, 2019.
45 vérités sur les chats. Albin Michel Jeunesse, 2017.
Leçons de choses. Albin Michel Jeunesse, 2015.
Ma grande marmite à merveilles. Autrement Jeunesse, 2008.
Au Lit, poussin! [Zus. mit Anne Terral]. Albin Michel Jeunesse, 2012.
Joyeux anniversaire, poussin! [Zus. mit Anne Terral.]. Albin Michel Jeunesse, 2013.
Le bobo de poussin. [Zus. mit Anne Terral.]. Albin Michel Jeunesse, 2012.
Poussin sur le pot. [Zus. mit Anne Terral.]. Albin Michel Jeunesse, 2012.
Poussin va à la crèche. [Zus. mit Anne Terral.]. Albin Michel Jeunesse, 2012.
Poussin a perdu son doudou. [Zus. mit Anne Terral.]. Albin Michel Jeunesse, 2013.
Le trou de la baignoire. Mila Éditions, 2003.
Comme ci ou Comme ça. [Zus. mit Anne Terral.]. Syros Jeunesse, 2011.
Le livre-tapis du corps. Actes Sud Junior, 2014.
Un roi tout nu. Autrement Jeunesse, 2013.
Un roi vu du ciel. Le baron perché, 2013.
Oscar, au secours! Casterman, 2003.
Paradis. Autrement Jeunesse, 2008.
Choses qui font peur. Autrement Jeunesse, 2006.
Peluche à Paris. Autrement Jeunesse, 2012.
Manuel de récréation à l'usage des enfants. Autrement Jeunesse, 2008.
Tous canards. Les fourmis rouges, 2014.
L'inconvénient d'être un lapin. L'école des loisirs, 2015.
Un papillon sur un chapeau. Casterman, 2017.
Guenille. Albin Michel Jeunesse, 2009.
Cave aux oiseaux. Syros Jeunesse, 2008.

Qui lira rira. Seuil Jeunesse, 2020.
Allons-y gaiement. [Zus. mit Mary Touquet.]. Hachette Jeunesse, 1996.
Dites-le avec le cœur. [Zus. mit Mary Touquet.]. Hachette Jeunesse, 1996.
Histoire de France Tome 1 et 2. [Zus. mit Delphine Deren, Sylvie Fontaine.]. Mila Éditions, 2003.

Bücher für Erwachsene

Claude. Stock, 2000.
Les forçats. Éditions de l'Olivier, 2019.
Réussir sa vie. Stock, 2006.
Les écrivains. Stock, 2002.
Avec enfant. Stock, 2009.
Le sol de Mars et autres photographies. Stock, 2003.
Juste né. Stock, 2005.
Quarante-cinq histoires d'automobiles. Intervalles, 2007.
Tragédies en kit. Éditions Leo Scheer, 2011.

Illustrator (Auswahl)

Les papas animaux (Fleur Daugey). Actes Sud Junior, 2020.
La poésie est un jeu d'enfant (Maurice Carême). Seuil Jeunesse, 2015.
Le livre de tous les gauchers, petits et grands (Caroline Larroche). Le baron perché, 2010.
Ce que je peux porter (Ramona Badescu). Albin Michel Jeunesse, 2015.
Le cochon qui cachait ses cachets (Christian Oster). L'école des loisirs, 2014.
Trois baisers (Maïté Bernard). Syros Jeunesse, 2010.
Quelques-une des choses qu'il faudrait tout de même que je fasse (Georges Perec). Autrement Jeunesse, 2009.

Le roi qui ne pouvait pas éternuer (Marguerite Dorian). Père Castor Flammarion, 1999.
Une rentrée sans maîtresse (Magdalena). Père Castor Flammarion, 2001.
On a tous envie du grand amour (David Pouilloux). Éditions de la Martinière Jeunesse, 2004.

Nachwort

Wir alle sind ihnen schon einmal begegnet: Suchanzeigen nach entlaufenen Tieren. Meist sind darauf Hunde oder Katzen zu sehen, manchmal auch Vögel und andere Tiere. Bruno Gibert haben diese Anzeigen zu einer originellen Geschichtensammlung inspiriert, in der die entlaufenen Tiere zum Gegenschlag ausholen und nicht mehr länger schweigende Opfer sein wollen. Titelbild und Buchtitel klingen wie ein Appel, ihnen zuzuhören.

Gibert hat diese Anzeigen fotografiert, z.T. wurden ihm die Fotos auch von Freunden zur Verfügung gestellt. *Pas perdus!* besteht aus 21 kleinen Novellen, die in Briefform verfasst sind. Gesucht werden 13 Katzen, 5 Hunde und 3 Vögel. Vor jeder Geschichte ist das Foto einer Suchanzeige platziert. Was darauf zu sehen bzw. zu lesen ist, hat Gibert als Aufhänger für die einzelnen Geschichten verwendet. Das kann das Foto selbst sein (Zen, Chamane), der Name des Tieres (Nouille), ein Rechtschreibfehler (Eliot), ein außergewöhnliches Merkmal wie ein Ringelschwanz bei Kater Macao, ein bestimmter Charakterzug (die Unzertrennliche landet gerne auf den Köpfen anderer Menschen) oder ein besonderes Ereignis (Kater Gino wurde von seinem Herrchen einfach vergessen).

Nicht selten fragen wir uns beim Anblick solcher Anzeigen, wie die Geschichte zu Ende gegangen ist, ob das Tier wohl zu seinem Besitzer zurückgefunden hat. Gibert dreht den Spieß um und lässt die Tiere antworten. Endlich können sie ihre Revanche nehmen und ihre eigene Version der Geschichte mit dem Leser teilen.

In den meisten Geschichten halten die Tiere ihren

menschlichen Besitzern den Spiegel vor und geben auf diese Weise indirekt Tipps für ein besseres Miteinander.

Kater Patoune beispielsweise hat die Nase voll von den musikalischen (Un-)Fähigkeiten seines Herrchens, denen er ungefragt ausgesetzt wird, und schließt sich daher eine Zeitlang einem begabten Lautenspieler an.

Kater Gino ist wütend darüber, dass sein Herrchen ihn beim Einladen des Autos einfach auf dem Bürgersteig in seiner Tragetasche vergessen hat.

Kater Wes ist eifersüchtig auf den neuen Freund seines Frauchens, der ihn ohne ihr Wissen rausgeworfen hat.

Manche Briefe üben aber auch offen Gesellschaftskritik und prangern die Verletzung von Tierrechten an: das Aussetzen von Tieren (Chien très gentil), der Handel mit exotischen Vögeln (Isis, Perruche Calopsitte) oder Tierentführungen (Chat perdu ou volé).

Sie behandeln aber auch sehr menschliche Themen wie Tod und Wiedergeburt (Jon Snow) oder die Sehnsucht nach Freiheit (L'inséparable, Neika), selbstbestimmtem Leben (Chat bien portant, Eliot) und selbstbestimmter Partnerschaft (India, Petit chien blanc).

Viele der Tiernamen prädestinieren die Tiere geradezu für große Abenteuer. Sie klingen mal exotisch (Macao, Bao), mal mystisch (Chamane, Isis) oder einfach nur lustig (Nouille) und beflügeln schon vor dem Eintauchen in die einzelnen Geschichten des Lesers Fantasie. Kater Jon Snow trägt sogar den Namen eines berühmten Seriencharakters.

Zur großen Erleichterung des Lesers endet jedoch keine der Geschichten tragisch. Gemein ist fast allen, dass die Tiere schließlich entweder glücklich in Freiheit leben, den Nachhauseweg antreten möchten oder bereits angetreten haben oder es zumindest offen lassen. Auch der zweiteilige Titel des Buches *Pas perdus!* mit dem Zusatz »Juste ailleurs!« soll Tierbesitzern, die ihre Lieblinge vermissen, Trost spenden. Und schließlich endet das Buch sogar mit einer positiven Nachricht: einer Anzeige, in der eine Taube gefunden wurde.

Zum Autor

Bruno Gibert ist Autor und Illustrator. Er wurde 1961 in Vincennes in der Nähe von Paris geboren. Nach seinem Studium an der Pariser Hochschule für Kunst und Design *École supérieure des Arts appliqués* arbeitet er zunächst als Werbe- und Buchgrafiker. Später konzentriert sich Gibert auf seine Arbeit als Autor und Illustrator zahlreicher Kinder- und Erwachsenenbücher. Daneben organisiert er Schreibwerkstätten und Lesungen an Schulen sowie für ein breiteres Publikum.

Bruno Gibert lebt und arbeitet in Paris.

Sein Roman *Claude* wird im Jahr 2000 mit dem *Prix du Premier Roman* ausgezeichnet.

Für *Le Petit Gibert illustré* erhält er 2010 den *Prix Coup de cœur du Salon de Montreuil.*

Trotz seiner breitgefächerten und umfangreichen Arbeit ist Bruno Gibert in Deutschland kaum bekannt, was sich mit der Herausgabe dieses Werks hoffentlich ändern wird.

TROUVÉ
COLOMBE BLANCHE
LE 23/11